첫 7년 그림
Die Geheimnisse der Kinderzeichnungen

Die Geheimnisse der Kinderzeichnungen © 1997
Korean translation © 2020 by Green Seed Publications
이 책의 한국어판 저작권은 **Verlag Freies Geistesleben**과 독점 계약한
[사] 발도르프 청소년 네트워크 도서출판 **푸른씨앗**에 있습니다.
저작권법에 따라 한국 내에서 보호를 받는 저작물이므로 무단 전재와 복제를 금합니다.

첫 7년 그림잉거 브로흐만 지음 심희섭 옮김

1판 1쇄 발행·2020년 3월 12일

펴낸곳·발도르프 청소년 네트워크 도서출판 푸른씨앗

　　책임 편집·김기원 | 편집·백미경, 최수진
　　번역 기획·하주현 | 디자인·유영란
　　마케팅·남승희, 김기원 | 총무·이미순

　　등록번호·제 25100-2004-000002호
　　등록일자·2004.11.26.(변경신고일자 2011.9.1.)
　　주소·경기도 의왕시 청계로 189-6
　　전화번호·031-421-1726
　　전자우편·greenseed@hotmail.co.kr
　　홈페이지·www.greenseed.kr

디자인·땀디자인

　　이 도서의 국립중앙도서관 출판예정도서목록(CIP)은 서지정보유통지원
　　시스템 홈페이지(http://seoji.nl.go.kr)와 국가자료종합목록 구축시스템
　　(http://kolis-net.nl.go.kr)에서 이용하실 수 있습니다. (CIP제어번호 :
　　CIP2020008017)

값 **18,000** 원
ISBN 979-11-86202-28-9 02370

잉거 브로흐만 지음

심희섭 옮기

첫7년
그림

도서출판
푸른씨앗
푸른씨앗

차례

들어가며 \ 009

1. 아이들은 그림으로 성장을 말한다 \ 011

012 그리는 것과 움직임 / 015 간략한 전체 개요 / 023 반항기와 그림에 대한
욕구 / 029 걷기, 말하기, 그리기 / 032 아이들 그림은 어디서 비롯되는가?/
035 이에 대한 다른 견해 / 040 아이들 그림에 행성의 궤도가 들어 있다?/
042 정신과학자 루돌프 슈타이너 / 044 아이들 그림의 생물학적 배경 /
045 생명력과 그림을 그리는 자질 / 048 그림에 나타나는 신체 기관의 형태/
049 아이의 자아와 그 자아가 거쳐온 우주의 경험

2. 어른을 모방해서는 안 되는 유일한 활동, 그리기 \ 053

054 바람직한 그림 도구 / 056 어른의 역할 / 058 모방은 금물 / 061 아이들
그림을 해석하기 위한 몇 가지 제언

3. 첫 7년 그림의 일반적인 발달 양상 \ 064

065 선을 긋적이는 단계 / 068 우주의 형태와 지상적 요소의 쟁투 /
074 '머리-발 그림' : 자기 자신이 중심이라는 자각 / 082 원시인에게서
나타나는 자아의 표지 / 085 공간의 정복 / 090 생명력의 유입 / 101 신체와
리듬 / 108 몸의 고정된 부분과 움직이는 부분 / 115 폐 형태의 그림 /120 왕관 /
123 아이와 집/ 133 '나무-인간 그림'의 발전 양상 / 144 5-7세 아이들의 그림/
145 그림에 나타나는 이갈이 / 150 주변에 대한 관심 : 베끼기 / 155 색채가
의미하는 것 / 159 내면의 표상을 그리다 / 163 학령기

4. 그림에 묘사되는 고통의 기억 \ 172

173 출생의 과정 / 180 첫 번째 치료 사례 / 185 귀에서 느낀 통증 / 187 눈에서 느낀 통증 / 190 목 통증 / 192 대장 통증 / 196 치통 / 199 팔 골절과 손가락 깁스 / 201 대수술과 그 후속 현상들

마치며 \ 208

추천의 글 \ 210 21세기에도 아이들은 같은 그림을 그린다 _이미애

참고 문헌 \ 232

일러두기

이 책에서 말하는 '아이들'은 유아기(1~6세) 아이를 지칭한다.
이 책은 <아이들 그림의 비밀>(2006, 섬돌)의 개정판이다.

1995년 봄. 잉거 브로흐만

　아이들의 그림을 다루게 될 이 책은 아이가 태어나서 첫 7년 동안 거치는 발달 과정에 대한 루돌프 슈타이너의 견해를 바탕으로 한다. 생후 18개월 정도부터 아이들이 보여주는 그림의 발달 궤적과 슈타이너가 관찰한 결과들을 비교해 볼 것이다.

　나는 30년 동안 발도르프 유치원에서 일했고, 또한 덴마크를 비롯해서 여러 나라, 특히 노르웨이, 러시아, 리투아니아 등지에서 아이들의 그림에 담겨 있는 비밀들에 대해 강연을 하기도 했다. 그리고 이 주제를 집중적으로 탐색해온 결과, 학령기까지의 아이들의 그림은 세계 어디서나 보편적으로 동일한 형태의 발전 양상을 보인다는 것을 알게 되었다.

이 책에서 이야기되는 약 100여 점의 그림들은 1964년부터 1994년 사이에 그려진 것들이다. 나는 이 그림들을 두 부분으로 나누어 기술하였는데, 4장에서는 아이들이 일곱 살까지 그리는 일반적인 그림의 발전 양상을 다루었고, 이어 5장에서는 아이들이 표현하는 사건들, 이를테면 탄생이나 이갈이, 병, 신체적 통증, 수술 따위의 사건들을 드러냈던 그림들을 다루었다.

부모님들과 선생님들은 다른 사전 지식이나 전제 없이도 여기에 모아놓은 자료들을 기초로 아이가 발달의 어느 지점에 와 있는지를 판별해 내는 것이 가능할 것이다. 아울러 아이의 그림을 가지고 병이나 통증 따위의 징후를 발견하는 방법을 배울 수도 있을 것이다.

내가 이렇게 아이들의 그림과 루돌프 슈타이너의 교육학을 연결할 수 있도록 단서를 준 발도르프 학교 선생님이신 클라라 하터만Klara Hattermann에게 깊은 감사의 뜻을 전한다. 아울러 아이들의 그림에 대해 관심을 갖도록 일깨워준 발도르프 학교 선생님 티라 파이터젠Thyra Peitersen과 나의 동료들, 내가 가지고 있던 자료들에 귀중한 자료들을 더 보태준 여러 사람들에게 이 자리를 빌어서 감사의 말을 전하고 싶다. •

한 살 반은 충분히 되어 보이는 사내아이가 커다란 전지 크기의 종이와 여러 색깔의 색연필이 놓여 있는 책상 앞에 앉아 있다. 아이는 한 가지 색을 집어서는 단순하고 커다란 동작으로 종이 전체에 흐르는 선을 하나 그린다. 그리고 나서는 곧바로 옆에 있는 자기 의자에 앉아 앞뒤로 몸을 흔들며 "안예-안예" 하며 노래를 부른다. 아이는 흔들 목마에 앉아 몸을 흔들거나 뭔가 움직이는 것이 눈에 들어오면 언제나 이런 노래를 부른다.

아이는 아직 제대로 말할 나이도 아닌데, 잠시 후 다시 책상 앞에 앉아 아주 또렷하게 "색깔"이라고 말한다. 그렇게 하고서 아이는 종이에 두세 개의 선을 휙 긋는다. 다음 날 그 아이는 의자에다 초록색으로 선 두 개를 그리더니, 다시 자기 엄마의 볼에다 그린다. 아이는 그릴 때마다 "색깔!색깔!"하며 들떠서 소리를 친다.

아이는 뭔가 새로운 사실을 깨우친 것이다. 다름 아니라 자기 스스로 세계를 만들 수 있다는 것을 깨달은 것이다.

세 살 정도 되는 또 한 아이가 좁고 긴 복도를 따라 뛰어간다. 그 중간에는 종이와 색연필이 놓인 책상이 하나 있다. 아이는 책상 옆을 지나가다가 잠시 발길을 멈추고는 색연필을 하나 집더니 재빠르게 선을 몇 개 휙 긋고는 손에 쥐었던 색연필을 책상 위에 놓고 다시 달려가기 시작한다.

　　이 두 가지 사례를 통해 우리는 그림을 그리는 행위는 아이의 움직임과 연관이 있다는 것을 알 수 있다. 첫 번째 경우, 아이는 그림을 그리고 곧이어 의자에 앉아 흔들흔들 몸을 움직이는 동작을 했다. 두 번째 경우, 아이는 이미 움직이고 있는 상태였고, 그림을 그리기 위해 동작을 멈추었다가 다시 움직임을 계속했다. 어린아이들의 경우 그림을 그리는 행위와 몸을 움직이는 것이 한 뿌리임을 우리는 다른 상황들에서도 경험할 수 있다. 두 살가량 되는 아이가 색연필을 쥐고 손을 높이 쳐들었다가, 마치 사냥감을 덮치는 새처럼 쳐들었던 손을 다시 아래로 툭 떨어뜨린다. 이 동작으로 색연필과 종이가 만나는 지점에 하나의 선이 생긴다. 이렇게 해서 생긴 선의 성질은 독특하다. 아이의 동작이 머리 위 공중의 오른쪽에서 아래로 내려가다가 다시 머리의 왼쪽으로 치올라가는 반원을 그리는데 비해 종이 위에 생긴 선은 아이의 동작에 비하면 훨씬 작다.

만일 이 때 커다란 종이가 벽이나 칠판에 붙어 있고 아이가 그곳에 선을 그렸다면 아이가 그리는 반원의 더 많은 부분이 종이 위에 표현되었을 것이다. 종이 위에 나타난 동작은 실제 동작의 작은 단편에 지나지 않으며, 실제로 그것은 훨씬 크기가 큰 손과 팔의 동작이 남긴 흔적이다.

어린아이가 그림을 그리는 과정을 지켜보면 이러한 행위가 아이에게는 단순히 종이 위에 선을 앉히는 것 이상의 의미를 갖는다는 사실을 새로이 알게 된다. 그림을 그리는 행위는 단순히 그림을 그리는 것이기보다는 틀림없이 저 심층에 뿌리를 둔 어떤 과정이다.

그림을 그리는 행위는 아이의 동작 능력과 그 양상이 비슷하다. 예컨대 길 수 있게 된 아이는 자기 몸을 새로운 방식으로 통제할 수 있다는 사실에 대해 만족감을 느낀다. 자기 자신을 발견한 아이는 마치 "나 여기에 있어! 이제 내가 길 수 있어!"라고 말하는 듯이 보인다. 아이가 그림 그리기를 시작하면 아이의 발언을 한 층 더 크게 들을 수 있다. "나 여기 있어! 이제 그림까지 그릴 수 있다고!"

최초의 선을 종이 위에 앉히는 순간 아이는 자신의 의식을 확장한다. 아이는 두 눈에 광채를 띠며 자신이 그린 그림을 어른에게 선사할 것이다. 그렇지만 어른으로서 이러한 종이 위에 그려진 산물에 대해 진심어린 관심을 표하기는 쉽지 않다. 숱한 아이의 그림이 휴지통으로 직행하는 이유가 여기에 있다. 사람들은 아이들 그림의 이면에 일정한 법칙성이 숨어 있어서, 아이가 어느 성장 단계에 와 있는지, 어떤 질환을 앓았는지, 어떤 신체의 고통을 겪었는지를 드러내 준다는 점을 발견한 뒤에야 비로소 그때까지는 도대체 이해할 수 없었던 끄적거린 선들을 새로운 시선으로 바라보기 시작한다. 그리고 귀중한 자료 몇 가지가 아직 완전히 사라지지 않았기를 바라며 다시금 쓰레기통을 뒤지곤 한다.

오늘날 이제는 아이들이 예전처럼 그림을 잘 그리지 못한다는 이야기가 심심치 않게 나오고 있다. 내가 아이들의 그림을 연구하던 1964년부터 1994년까지만 해도 이전의 아이들 그림에서 볼 수 있었던 기본적인 발달 궤도가(아이들이 그림을 그릴 때 어떠한 방해도 받지 않는다는 전제 아래) 아직 존재함을 확인 할 수 있었다. 그래서 우선 이러한 발달의 궤도에 대해 이야기하고 찾아보고자 한다.

간략한 전체 개요

주변이 지나치게 시끄럽지 않은 상태에서 누군가에게서

무엇을 그리라는 지시를 받지 않고 자유롭게 그림을 그리는 경우, 거의 모든 아이가 일정한 발달 양상을 아주 뚜렷하게 보인다. 아이들 그림에서 형태 언어 및 의지 언어가 거치는 단계들은 다음과 같이 구별될 수 있다.

그림의 발달은 종이 위로 '내리꽂히는 선들'로 시작된다. 종이 위에 나타나는 작은 선들은 커다란 팔 동작의 일부에 불과하다.

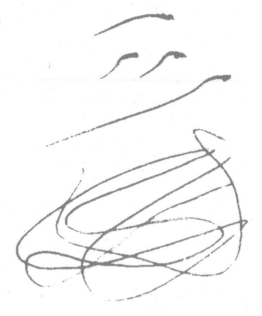

그 다음 단계에서 아이는 물의 흐름처럼 보이는 형태들이 지면 전체에 고르게 퍼지도록 동작을 서서히 조절해 나간다. '끄적거린 선' 혹은 소위 '날아가는 선'이라고 말하는 그림은 이렇게 해서

나온 것이다. 이런 이름을 붙인 이유는 그러한 선에서는 시작도 끝도 알아볼 수 없고, 위도 아래도 가려낼 수 없기 때문이다. 마치 한 무리의 새 떼가 하늘을 나는 형상처럼 모든 것은 날아가고 계속해서 선들이 꼬리를 물고 나온다. 이러한 그림들 자체에 무희적인 요소와 리듬의 요소가 들어 있다. 한 살에서 세 살 사이의 아이는 경쾌하고 우아하게, 그리고 홀가분한 기분으로 지극히 자연스럽게 그림을 그린다.

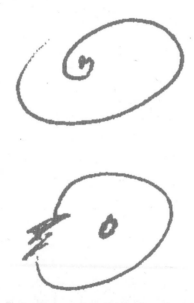

이 국면에 뒤이어 나타나는 발달은 두 방향으로 진행된다. 하나는 날아가는 곡선들에서 발전되어 나온 나선 형태이다.

이것은 점차 가운데 또렷한 점이 있는 둥그런 닫힌 머리 형태로
된다. 이런 그림들은 대략 세 살 때 완성되며, 아이가 자기
자신을 "나"라고 말할 때 나타나는, 흔히 자아 형태라고 하는
것들 가운데 하나이다. 그 원들로부터 기다란 선들이 마치 감각
신경처럼 사방으로 뻗어나간다. 그리고 이러한 가지들이 간혹 한
방향으로 구부러져 있어서 마치 발처럼 보이기도 한다. 이러한
형태를 우리는 '머리-발 그림'이라고 일컫는다.

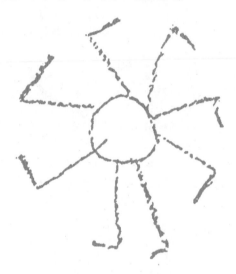

  기다란 선들이 서로 분리되어 가로선과 세로선으로 되기까지
'머리-발 그림'은 계속해서 날아가는 듯한 요소를 가진다.
이러한 가로선과 세로선은 머리에서 뻗어나가는 팔과 다리의
시발점이 된다. 이후에 여기에 몸체가 덧붙여져서 흡사 거대한

머리에 부가된 요소처럼 보인다. 그리고 팔의 단초는 아래쪽으로 이동해서 머리에서 몸통으로 옮겨간다. 시간이 지날수록 머리는 자꾸 작아지고 몸통이 주도적이 된다. 아직은 팔과 다리가 아주 정확하게 묘사되지 않지만, 이제 세로 방향만큼은 분명해진다.

둥근 선과 직선들은 점차 인간의 모습이 되어간다. 이러한 과정은 두 살 반부터 다섯 살 사이 아이들에게서 진행된다. 이 시기에는 이것 말고도 '집'과 비슷한 형태들이 '리드미컬하게 반복되는 현상'이 많이 나타난다.

　선을 서투르게 '끄적거리는' 행동으로부터 발전되어 나오는 또 다른 그림의 방향이 있는데, 그것은 아이가 열과 성을 다해 같은 곳에 많은 선을 중첩해서 그리기 시작하는 시기에 나타난다. 처음에 나타나는 형상은 공중에 떠 있는 나무 둥치 모양으로, 종이 위에 비스듬히 그려진다. 같은 시기에 아이는 이와 같은 힘찬 가로선들을 그리고, 그 위에 나선형의 둥근 머리 모양을 그린다. 시간이 지날수록 몸체는 점점 수직에 가까워지고, 많은 가로선이 중첩되게 그려지던 양상은 점차 하나의 개별적인 선으로 되어간다. 아울러 양손은 균형을 찾으려는 경향을 보인다. 이러한 형태 아래쪽에 두 발이 나타나는 경우도 많이 있다. 우리는 이 형상을 '나무-인간'이라고 한다. '나무-인간'의 형상은 무엇보다도 직립의 힘을 강조하고 있다. 이러한 인간 형상은 아이의 강한 의지를 통해 탄생한 것이다. 그리고 이러한 발달은 '머리-발 그림'의 발달과 나란히 진행된다.

일종의 자아를 나타내는 그림도 이러한 '나무-인간'이 십자가 형태로 단순화되면서 나타난다. 그러한 것들 역시 세 살 끝 무렵에 보인다. 세 살이 되어서야 아이는 비로소 두 개의 선을 십자 형태로 그릴 수 있게 된다. 십자를 하나의 원 안에 감싸는 것은 그 이후의 일이다.

정리해서 말하자면, '머리-발 그림'과 '나무-인간 그림'으로 나아가는 발달 방향이 겨냥하는 목표는 같다. 즉 직립한 인간을 묘사하는 것이다. 다행스럽게도 그 점을 아이 자신은 의식하지 못한다.

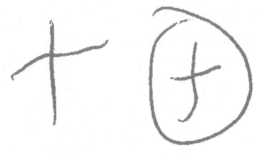

다섯 살 이후에는 무엇보다도 두 팔과 두 다리가 나타나는 발전을 보인다. 이 때 다리는 커다랗게 그려진 발로 인해 뚜렷하게 드러나며, 다시 두 발은 땅을 굳건히 딛고 서 있는 것으로 그려진다. 이때부터 아이는 주변 세계의 사물들을 그리기 시작하며, 그림의 윤곽과 배경도 상세히 그릴 수 있게 된다.

그림을 그릴 때 아이는 위에서 아래 방향으로 그림을 진척시킨다. 다시 말해서, 두 살 반이나 세 살까지의 그림은 공중에 떠서 아이 자신과 동일한 움직임을 보인다. 이후 네 살부터 여섯 살까지 아이는 공간 안에서 방향을 잡는다. 그렇게 해서 수직의 차원과 수평의 차원이 생기고(아래와 좌-우), 지면은 반복으로 인해 리듬을 가지는 많은 형태로 채워진다. 여섯 살 이후에 아이는 마침내 땅에 안착하고, 따라서 머리 위에 하늘을 갖게 된다.

반항기와 그림에 대한 욕구

아이들의 그림을 이해하려면 아이들이 가지고 있는 형태 언어를 아는 것만으로는 충분치 않다. 그러기 위해서는 눈앞에서 그림을 그리고 있는 아이가 대체 어떤 존재인지도 알아야만 한다. 아이들의 행동을 이해할 수 없는 경우는 실로 허다하다. 특히 아이가 버릇없이 굴 때 그 아이는 대체 우리에게 무엇을 말하고자 하는 것일까?

고래고래 소리를 지르고 펄펄 뛰며 모든 것에 대해 시종일관 "아니"라고 말하고는 곧이어 좋아라고 해대는 두 살 반이나 세 살 가량 되는 아이를 겪어보지 않은 사람은 없을 것이다. 아이들은 곧잘 "싫어. 잘 자라는 말 안 할 거야."라고 고래고래 소리를 지르곤 하는데, 그러다가 어른이 잘 자라는 말도 하지 않은 채 가버리면 또 금방 크게 소리쳐 말한다. 요컨대 아이들은 마음

밑바닥에서는 "안녕히 주무세요."라고 '말하고 싶었던 것'이다. 부모들은 이제 반항기가 닥쳤음을 단박에 인식한다. 그럼에도 불구하고 어른들은 큰 소리로 떼를 쓰고 울보로 돌변한 아이를 어떻게 해야 할지 몰라 쩔쩔맨다. 그때까지는 사랑스럽고 의존적이며 거의 늘 명랑한 아이였는데 말이다. 이제는 내가 뭔가 잘못 말하지나 않을까, 잘못 행동하지나 않을까 순간순간 예의 주시하는데도 이러한 상황은 자꾸 일어난다.

아이는 열심히 그림을 그린다. 자신이 하는 일에 완전히 몰입해 있다……

종이가 책상 위에 올라올 시점이 바로 이때이다. 그러면 마치 마법을 부린 것처럼 고래고래 소리를 지르던 행태는 사라진다. 아이는 골똘히 그림을 그린다. 크고 빠른 동작으로 그려지는 선들이 종이 위를 슉슉 날아다닌다. 그 중간 중간에 굵은 필치의 강렬한 선들과 나선 형태들도 나타나는데, 이러한 나선 형태들은 필시 둥근 형태로 끝을 맺곤 한다. 그리는 것을 끝내자마자

아이는 신 나게 자신의 놀이감이 있는 곳으로 되돌아간다. 이러한 돌변은 부모들이 자신의 눈을 믿지 못할 정도이다. 대체 무슨 일이지? 물론 이러한 반항기는 단숨에 극복되지 않는다. 그러나 그러한 반항기를 통해 부모는 아이가 무엇을 필요로 하는지를 발견할 수 있다.

―― 그러고 나서 아이는 냅다
달려가 고양이와 논다.

반항기는 아이가 완전히 새로운 상황을 맞고 있다는 사실과 관련이 있다. 즉 아이가 자신을 가리켜 "나"라고 말하기 시작할 때, 이 말은 그때까지 습득한 다른 어떤 말들과도 비교될 수 없는 성질의 것이다. 아이가 아빠, 엄마, 의자 또는 책상이라고 말할 때 그것은 자기 주변에 있는 사람이나 사물을 지칭하는 것이며, 그러한 행위로 인해 아이와 주변 사람이나 사물과의 관계에서 달라지는 것은 없다. 그러나 아이가 '나'라는 말을 할 때, 아이가 자기 주변과 맺는 관계에 변화가 찾아온다. 그 시점까지 아이는 자신을 율리아나, 시몬, 또는 사람들이 자신에게 붙인 이름으로 불러왔고, 그러면서 자신이 다른 모든 사람들의 사랑스러운 일부분이라는 느낌을 가졌었다. 그런데 이제 아이는 자신을 분리시키고, 주변 세계를 새로운 눈으로 바라보게 된다. 이때 아이는 그 느낌을 말로 표현하지 못하고, 단지 표정과 소리를 지르는 것으로 드러내는 것이다. 아이는 원래 자신이 있던 이상적인 상태에서 쫓겨난 느낌을 가지며, 그래서 어딘가 불안하고 소심해진다. 하지만 이 단계는 아이가 인간이 되기 위해서 반드시 거쳐야 하는 지점이다. 아이가 있는 힘껏 소리를 지르면, 우리는 그것을 "내가 무엇을 해야 하는지 내게 말해줘. 난 모른단 말이야!"라고 들을 수 있어야 한다.

　이러한 상황에서 그림 그리기는 아이에게 거의 언제나 도움이 된다. 왜일까?

"난 여기 서 있고
너희는 저기 있어.
나는 너희들과
분리되어 있다고.
그래서 난 슬퍼."

아이는 지금까지의 보호받고 있다는 안정감을 잃어버렸다.

이때까지 아이는 주변의 것을 자발적으로 모방하며 자신을 지탱해 왔다. 그런데 이제 아이는 자기 스스로를 지탱점으로 삼아야 하고 또 그러기를 원한다. 그래서 아이는 주변으로부터 완벽하게 보호받던 예전의 상태를 이미 잃어버렸고, 자기 자신과 관련된 새로운 무엇을 아직 찾아내지 못했기 때문에, 말하자면 일시적으로 뻥 뚫린 상태인 셈이다. 바로 이 변화의 단계를 우리는 반항기라 부른다. 아이는 자신의 주변 세계에 대해 반항과 소리 지르기로 저항하는데, 그것은 다름 아니라 어른들이 일정한 경계선을 그어주어야 한다는 뜻이다. 이러한 경계선을 통해 주어지는 행동 반경은 너무 좁아서도 안 되고 너무 넓어서도 안 된다. 그러고 나면 아이는 문득 정신을 차리고 다시 자기 자신을 찾을 것이다.

그림 그리기는 소리를 지르고 고함을 치지 않고서도 자기 자신을 찾을 수 있는 여지를 제공해 준다. 이러한 활동을 통해 아이는 자신의 세계를 만들어 나간다. 아마도 아이는 반항기가 오기 전부터 그림을 그려 왔을 것이다. 그러나 지금 그리는 그림들은 사뭇 양상이 다르다. 지금까지는 어설프게 선들을 끄적거리듯 그렸지만, 이때 그림은 얼핏 보기에는 혼돈 같지만 그런 와중에서 둥근 형태들이 형성되어 나온다. 수많은 선을 통해 형태가 점점 완결되고, 그 중심에 하나의 점이 놓인다. 한가운데 있는 이 점은 자기 자신을 감싸 안은 아이인데, 이 아이는 둥근 형태로 주변 세계로부터 자신을 분리시킨다. 요컨대 이러한 그림을 통해서 아이는 "나는 여기 한가운데 앉아 있을게, 너희들은 바깥에 서 있어."라고 말하려는 것이다.

아이는 이러한 내용을 말로 표현하는 것이 아니라 그림으로 표현한다. 아이는 자신이 처해 있는 상황이 어떤 것인지 인식하지 못한 채 그 상황을 그림으로 그리는 것이다. 따라서 어떠한 경우에도 아이에게 이러한 점을 말로 설명하려 해서는 안 된다. 어차피 그림 속에서 아이는 무의식적으로 자기 자신을 인식하고 있기 때문이다. 그림을 그리는 활동이 아이를 만족시킨다는 사실을 우리는 실제로 알아차릴 수 있다. 아이는 마치 그림으로 자신을 반영하고 자기 자신을 위로하는 것처럼 보인다. "봐, 나 여기 있어! 난 완전히 없어진 것이 아니라고!"

이러한 경로를 통해 아이는 자신과 주변 세계와의 관계를 더욱 강화하고, 다시금 보호받는 느낌과 안도를 느끼게 된다. 모든 아이는 예외 없이 보호를 필요로 하며, 그렇기 때문에 모든 아이에게는 그림 그리는 활동 또한 필요한 것이다.

유치원에 다니는 아이들에게 종이와 색연필을 주면 그 아이들은 당장 그림을 그리기 시작한다. 그리고 대체로 그때 아이들은 일정 시간 동안 그 활동에 완전히 몰입한다. 아이들에게 이러한 활동이 중요한 일임은 분명하다. 그림을 그릴 때 아이들은 마치 은어를 통해 서로 결속되듯 서로 하나가 된다. 심지어 어떤 때는 아이들이 먹고 마시는 일에 버금가는 어떤 기본 욕구를 충족시키고 있는 듯이 보일 정도이다.

지금까지 조사, 연구한 바로는 여섯, 일곱 살까지 모든 아이(덴마크, 노르웨이, 독일, 러시아, 리투아니아)가 그린 형태들은 동일했다. 이러한 사실은 아이들의 그림이 거쳐 가는 발달 경로는 동일하며, 전 세계 모든 아이들의 신체와 언어 발달이 동일한 양상으로 일어나는 것과 그림도 그 궤를 같이 한다는 점을 시사해 준다.

우리가 이미 살펴보았듯이, 아이들이 제일 처음 그리는 그림들은 이후 두 갈래 방향으로 발전되어 나간다. 그 하나는 위, 즉 머리로부터 몸통으로 이르는 방향으로, '머리-발 그림'을 출발점으로 하는 것이고, 다른 하나는 '나무-인간 그림'에서 발원하여 의지의 힘을 축으로 삼아 몸통 아래에서 위쪽으로 진행되는 것이다. 이 두 가지 맹아는 모두 궁극적으로 직립하는 인간의 묘사로 발전되어 간다.

그렇다면 이러한 과정이 어린아이의 신체 발달에 조응하는 것은 아닐까? 처음에 아이는 머리를 쳐든다. 그러고 나서 두 팔로 바닥을 짚고서 가슴을 바닥에서 들어올린다. 이어 몸통을 마음대로 움직여 앉게 된다. 마지막으로 아이는 두 발로 서서 세상으로 시선을 보낸다.

먼저 아이는 머리를 쳐들고

그런 다음 가슴을 들어올린다.

이 일련의 과정에서 늘 주도적인 요소는 단연 머리이다. 아직 목을 가누지 못하는 동안 아이는 머리도 곧추세울 수 없다.

머리의 그러한 의미는 아이들 그림에서 처음으로 나타나는 흐름,
즉 둥근 머리 형태로 나타나는 '머리-발 그림'을 시작으로 하는
초기의 그림들에서 그대로 반영되어 나타난다.

아이는 이제 앉을 수 있게 되고

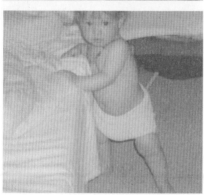

마침내 자기 발로 서서 시선을
세상으로 향할 수 있게 된다.

두 발로 서기 위해서는 아이에게 내적 의지의 힘도 필요하다.
여러 개 선이 중첩되어 크게 강조되어 있는 '나무-인간 그림'

에서는 이러한 내적 의지력이 표현된다. 이때 그림의 출발점은 몸통이다. 처음에 몸통은 '공중에 떠 있다가' 그 다음 단계에 오면 균형을 찾는다. 이 때 두 팔은 줄 타는 사람의 경우에서처럼 넓게 벌려져 있다.

아이는 18개월이나 24개월이 되면 설 수 있고, 몸의 움직임이 자유로워진다. 이때부터 아이는 자기 몸의 움직임들을 조합해서 달리거나 껑충껑충 뛸 수도 있고, 사물을 붙잡을 수도 있다. 이 나이가 바로 그림을 시작하는 시점이기도 하다.

아이가 처음 그리는 그림들이 아이의 움직임과 결부되어 있음을 도입부에서 상세히 설명한 바 있다. 그러므로 아이들 그림의 발달 양상을 첫 몇 년 간의 신체 발달을 바탕으로 살펴보는 것이 가능하며, 그렇게 볼 때 아이들의 그림은 신체라는 토대와 신체 발달에 의해 규정된다는 것도 알 수 있다. 초기에 직립 보행을 익히는 데 쓰였던 힘들이 생후 18개월이 되면 더 이상 쓰일 데가 없어서, 다른 일에 쓰일 수 있게 된다. 이제 아이는 그 힘들을 가지고 그림을 그리거나 이리저리 마구 뛰어다닐 수 있게 된 것이다.

아이들 그림은 어디에서 비롯되는가?

몇 년 전 파리에서 아이들 그림을 전시하는 세계 박람회가 열렸다. 한 유치원 교사는 여기에 자신이 근무하는 유치원 아이들의 그림이 전시되어 있다는 것을 알고는, 전시된 그림들

중에서 자기 유치원 아이들의 그림을 찾아서 볼 수 있을거라 생각했다. 그 교사는 여러 전시 공간을 두루 살펴보며, 처음에는 전시된 그림들 중에서 자기 유치원 아이들의 그림을 가릴 수 있으리라 믿었다. 그러나 그녀가 가려낸 그림들은 중국, 브라질, 카메룬, 그밖에 여러 나라 아이들의 그림이라는 것이 번번이 사실로 확인되었다. 마지막에 가서야 그녀는 자신이 찾으려 했던 그림들을 찾아낼 수 있었다.

그 교사가 찾고자 하는 그림들을 가려내기가 그토록 어려웠던 이유는, 전시회에 걸린 아이들의 그림이 연령별로 배치되었던 것과 관계가 있다. 가장 어린 연령대의 그림이 가장 위쪽에 걸려 있었고, 그래서 그 교사는 가장 어린 아이들의 그림을 언제나 가장 먼저 보게 되었다. 그런데 이 연령대 아이들의 그림들은 전시 공간마다 서로 다 비슷했기 때문에, 그 교사는 실수를 한 것이다. 아이들은 여섯 살 또는 학령기가 되어서야 비로소 자기 주위에 있는 사물을 그리기 때문에 이 연령대 아이들의 그림이 걸려있는 아래쪽 열에 와서야 처음으로 문화적 차이가 드러났고, 그 교사는 이 연령대 아이들의 그림을 보고서야 상이한 문화권의 가옥이나 사람들 사이의 차이를 식별해낼 수 있었던 것이다.

이 모든 사실은 아이들의 그림이 아이 개인의 개별적인 예술 능력의 표현이라기보다는, 전체적으로 나타나는 신체 발달의 표현이라는 점을 시사해 준다. 하나의 전인적 인간으로 성장하려면, 필히 그림을 통해 자신을 표현하는 기회를 가져야 할 것이다. 이는 자신의 육체를 발달시키는 것과 똑같은 이치이다.

그림을 그릴 때 어린아이는
자기에게 흠뻑 빠져서 자기
주위의 모든 것을 완전히
잊는다.

신체의 발달과 그림의 발달 사이에는 명백한 평행선이
그어진다. 세 살에서 다섯 살 사이 아이들의 그림은, 똑바로 서고
걷는 것을 습득할 때 일어난 과정을 그대로 따라간다. 생의 처음
시기인 요람에서 세상 모든 아이는, 나중에 모방을 통해 어떤
언어를 모국어로 습득하게 될지는 전혀 관계없이 같은 소리를
낸다. 이와 마찬가지로 초창기 그림에서 아이들은 너나할 것
없이 같은 언어로 표현하는, 이를테면 세계 시민이라 할 수 있다.

그러므로 모든 아이가 예외 없이 그림을 그리도록 하는 것이
지극히 중요하다. 아울러 이러한 활동의 결실들도 지금보다는
훨씬 더 큰 주목의 대상이 되어야 마땅하다. 하지만 이것이 그리는
활동을 위해 아이들에게 무언가를 설명하거나, 무엇을 그리라고
말해주라는 의미는 아니다. 절대로 그래서는 안 된다! 아이들은

아무런 방해도 받지 않고 자유롭게 그림을 그릴 때만이 그들의 그림에서 나름의 특수한 언어를 펼쳐 보인다. 우리 어른들은 아이들의 신체 발달을 관찰하고 그것을 따라가는 것처럼 아이들 그림을 이해하는 방법을 배워야 한다.

이에 대한 다른 견해

아이들의 그림이 처음 연구 대상이 된 1887년에 이미 '아이들 그림은 특정한 법칙성을 따르는가?'라는 의문이 제기되었다는 것은 대단히 흥미로운 일이다. 이탈리아의 미술사가 코레도 리치Corredo Ricci는 자신의 책 <아이들의 그림L'Arte dei Bambini>*에서 이러한 문제를 다루었다. 리치는 세계 박람회라고는 한 번도 가 본 적이 없는 사람이었다. 그는 비가 오는 날 기둥이 늘어서 있는 회랑에서 비를 피하다가 우연히 그곳의 벽이 온통 아이들이 백묵으로 그린 그림들로 가득 차 있는 것을 발견했다. 가장 나이가 위인 아이들의 그림이 위쪽에 있었지만 정작 그가 훨씬 더 매력을 느낀 것은 아주 어린 아이들이 서툴게 긁적거려 놓은 선들이었다. 그가 보기에 그러한 선들은 다른 것들과는 성격이 완전히 달랐던 것이다. 그는 곧바로 이러한 그림들에 어떤 규칙성 같은 것이 있는지를 연구하는 일에 착수했다.

* <아이들의 그림L'Arte dei Bambini>_코레도 리치, 볼로냐, 1887

로웬펠트V. Lowenfeld와 램버트 브리튼W. Lambert Brittain 은 자신들의 공저 <창의력과 정신의 발달>*에서 사람 그림을 그린 여섯 살 아이들 집단의 특성을 이야기하면서, 이 아이들이 사람의 입을 가로선 한 줄로 표현하였음을 지적하였다. 이들은 이어서 그 아이들에게 캐러멜 사탕을 주고, 아이들이 그것을 씹어 먹는 동안 사람을 한 번 더 그리게 했다. 그런데 이번에 아이들은 이빨도 그려 넣었다. 아이들은 자기 입 안에서 일어나는 움직임을 재현했던 것이며, 다만 그것을 전혀 의식하지 못했을 따름이다.

루스 헤지비에르그-페더슨Ruth Højbjerg-Pedersen은 저서 <모든 아이가 그릴 수 있다>**를 통해 아이들에게 그림을 그리는 행위는 말하는 것만큼이나 자연스러운 일이라고 말하고 있다. "그림을 많이 그려 봤다면, 그 아이들은 자연스럽게 자신의 독립성을 강화해주는 요인까지 함께 획득한 것이다. 이때 얻어진 것은 앞으로 아이가 삶과 관계 맺는 방식을 규정하게 된다."

적으나마 이런 사례들에서 우리는 아이들 그림 안에 숨어 있는 것을 발굴해 내려는 시도가 이미 많이 있었음을 알 수 있다. 그러나 이 시도들은 대체로 문제의 엉뚱한 차원에 온당치 못한 비중으로 과도하게 이목이 집중되었거나, 지금도 그러한 것이 일반적이다. 응당 있어야 할 설명 한 마디 없이 이런저런 단계들이

---

* <창의력과 정신의 발달Creative and mental growth(1947)>_빅터 로웬펠드, 램버트 브리튼, 뉴욕, 1975

** <모든 아이가 그릴 수 있다Alle børn kan tegne>_루스 페에르센, 1974

설정되고, 또 아이들에게 특정한 그림을 그리도록 과제를 주기도 한다. 나아가 각각의 단계들 간의 관련성을 보지 못하는 반면에 모든 문제를 아이가 아직 할 능력이 없거나 앞으로 도달할 차원과 연결하기에 바쁘다.

1952년에 출간된 독일 판화 작가 볼프강 그뢰칭어Wolfgang Grözinger의 책 <아이들은 아무렇게나 긁적거리고 그림을 그리고 색칠을 한다>*는 이런 점에서 예외적인 사례이다. 그가 기술한 내용을 보자. "아이들의 창조 활동은 자유롭게 이루어지는 것이 아니다. 아이를 움직이는 동인은 생물학적 측면까지 포함하는 발달 과정인데, 이러한 발달 과정은 아이에게 미적인 자유까지 가져다주지는 않는다. (······) 아이들 그림에 나타나는 아름다움과 호소력은 그러므로 예술미가 아니라, 아이 내부에 존재하는 건강함, 생명력, 힘, 또는 연약함, 친밀함, 활력 등에 대한 시사이다. 아이들 그림의 아름다움은 그 아이가 살아갈 능력이 있고 삶을 관리할 수 있는 전인적 인간으로 정신과 신체의 발달을 유지하는 것과 연관된 문제인 것이다."**

그는 계속해서 이러한 질문을 던진다. "하지만 우리는 이러한 세계로 들어가는 문턱에서 머뭇거리며 이렇게 자문한다. "우리

---

* 〈아이들은 선을 긋고, 그리고, 칠한다, 아이들 그림의 초기형태들Kinder kritzeln, zeichnen malen, Die Frühformen kindlichen Gestaltens〉_볼프강 그뢰칭어, 뮌헨, 1952

** 같은 책 14쪽

어른들이 아이들의 왕국에 바로 들어갈 수 있을까? 우리가 들어갈 수 있도록 문이 정말 열려 있는 것일까? 아니면 그 안으로 발을 들여놓기 위해서는 이를테면 '열려라, 참깨'같은 암호가 필요한 것일까?"*

그뢰칭어는 아이들이 아무렇게나 긁적거리는 그림들이 아이 자신에게는 대단히 큰 의미를 갖는다는 것을 인식하고 있다. 이러한 측면에 대해 그가 상술한 내용을 한 번 보자. "아이가 서투르게 긁적거리는 행동을 통해 추구하고 천착하는 것은 다름 아니라 리듬의 체험이다. 아이는 그러한 그림 활동을 통해서 리듬의 체험을 포착하는 능력을 점진적으로 키워나간다. (……) 이러한 서투른 선들로 이루어진 그림은 어른들에게는 이미 오래 전에 닫혀버린 영역에서 용솟음쳐 나와, 마치 하나의 신호처럼 인간의 감각들을 두드린다."**

또 그뢰칭어는 아이들 그림을 예술 작품으로 볼 수 있다는 주장을 거부한다. 그 이유는 예술가란 무언가를 할 수 있는 사람이기 때문이라는 것이다. "아이는 아무것도 할 수 없다, 하지만 많은 것을 할 능력이 있고, 삶 자체가 창조에 가깝기 때문에 그 존재의 무게가 훨씬 가벼운 어른에 비하면 아이의 존재의 무게는 훨씬 크다. (……) 아이는 자신이 처해 있는

---

* 볼프강 그뢰칭어의 책 17쪽 (37쪽 각주 참고)
**같은 책 18쪽

단계에 적합하거나 그 단계보다 앞서 있는 것을 아름답다고 느낀다. 아이가 현실을 있는 그대로 알게 되고, 그것으로부터 벗어나는 것을 자유의 행위로 이해하고 즐기게 될 때, 그러니까 한 마디로 아이가 이제 더 이상 아이가 아니게 될 때에야 비로소 아이는 예술에 가까워지게 되는 것이다."*

결론적으로 아이는 어른으로서는 닿을 수 없는 상태, 나이가 먹어감에 따라 잃게 되는 상태에 있는 셈이다. 아이들 그림에서는 이러한 상태가 아직은 직접적으로 표현이 된다. 예컨대 다섯 살 아이들이 그린 많은 형태에 대해 기술하고 있는 그뢰칭어의 말을 들어보자. "이 기회에 우리는 형식의 세계를 일별한 셈인데, 그밖에 이러한 형식의 세계를 만날 수 있는 곳은 물리학에서 뿐이다. 아이는 (……) 네 가지 문양의 기본 양태를 거치게 된다.(……) 요컨대 우리 눈에 추상적으로 비치는 것이 사실은 알고 보면 우리가 생각할 수 있는 한에서 가장 구체적인 것이다. 그것은 바로 하나의 온전한 전체로서의 아이 자신이다. 그것은 바로 아이가 삶에 대해 느끼는 생생한 감정이요, 아이의 호흡이요, 아이가 달리고 뛰고 끊임없이 움직이는 활동 그 자체인 것이다."**

다른 학자들에게서는 찾아볼 수 없는 이러한 관점은 곧

* 같은 책 14쪽
**같은 책 42쪽

그림을 그리는 활동과 몸을 움직이는 활동이 서로 연관되어 있다는 사실을 강조한 것이다.

아이들 그림에 행성의 궤도가 들어 있다?

그뢰칭어는 '아이는 4차원의 우주적 차원에서부터 3차원의 지상을 거쳐 나와서, 속세의 형상에 이르는 존재'*라고 아이의 성장을 나름대로 해석하였는데, 그는 이처럼 새롭고 도발적인 의견들을 주저 없이 내놓았다. 그는 아이들의 그림에 대해 '순환적 공간감의 비밀' 또는 '행성들의 움직임'이라고 말하기도 했다. "아주 어린 아이가 자기 안에 있는 순환적 공간감을 근거로 원운동과 나선형의 운동을 반복 수행하는 것을 우리는 볼 수 있다(……)."**

그뢰칭어에게, 긁적이는 선을 그리는 그림의 단계는 아이가 우주를 체험한다는 표현임이 명명백백했다. 이러한 해석으로 그뢰칭어는 지금까지 있었던 아이들 그림에 대한 해석들의 틀을 깨뜨렸다. 이를테면 아이들이 우주의 체험들을 지상의 삶 안으로 가지고 들어온다고 한다면, 이 세상에 태어나기 전에 아이들은 이미 이러한 우주를 체험한 것이 된다. 다시 말하면 아이들에게는 필경 수정이 일어나기 전의 삶이 있다는 얘기이다.

---

* 볼프강 그뢰칭어의 책 98쪽(37쪽 각주 참고)

**같은 책 21쪽

이러한 인간이라는 설정은 존재가 이전에 이미 우주 공간에서 정신적 삶을 거친 뒤, 재탄생의 여정에 있다고 할 때만이 가능하다.

그뢰칭어 외에 이와 비슷한 주장들을 펼친 사람은 내가 알기로 미하엘라 슈트라우스Michaela Strauss뿐이다. 그 역시 아이들의 그림을 무수히 보고 탐구한 사람이다. 자신의 책 <유아의 그림 언어에 대하여>에서 그는 이렇게 질문을 던진다. "아이들 그림에 나타나는 이러한 움직임을 볼 때 어쩔 수 없이 우주의 운행 리듬이 연상된다면 잘못된 것일까? 곡선들을 볼 때 우리 뇌리에 비상하는 행성들의 궤도가 떠오르지 않는가?(……)"*

인간은 매번 모습을 바꿔가며 거듭 지상에서의 삶을 거치는 윤회하는 존재이며, 이 과정에서 카르마Karma가 작용한다는 사상에 대해 그뢰칭어가 드러내놓고 관심을 표명한 적은 없다. 해서 나 또한 삶에 대한 그의 철학이 이러한 내용이라고 주장할 생각은 없다. 하지만 아이가 우주에 대한 기억을 안고 이 세상에 온다는 그의 견해에 이르면, 도저히 달리 생각해 볼 여지가 없어진다. 뿐만 아니라 이러한 그의 언급들은 아이의 내적 자아에 대해 그가 기술한 내용과도 맞아떨어진다. 그는 아이의 자아는 아직 우주에 대한 기억을 간직하고 있는 아이 자신의

---

* <유아의 그림 언어에 대하여. 인간화의 자취들Von der Zeichensprache des kleinen Kindes. Spuren der Menschwerdung>_미하엘라 슈트라우스, 슈투트가르트, 1994, 15쪽.

부분이라고 말하고 있다. 그뢰칭어의 견해에 따르면, 아이들이 굵적인 선 그림들에 표현되는 것이 바로 이러한 기억이다. 그는 아이들의 그림을 규정하는 아이들의 생물학적 성장과, 초기의 그림을 가능하게 하는 일반적 토대인, 우주의 경험을 간직한 내적 자아를 구분해서 이야기한다.

이 지점에서 그뢰칭어는 오스트리아의 교육자이며 정신 과학자인 루돌프 슈타이너Rudolf Steiner가 아이들의 성장 발달에 대해 주장한 내용들에 가까워진다. 서문에서 이미 말했다시피, 내게 이와 같은 사실을 알려준 사람이 바로 클라라 하터만이다. 그는 아이들 그림이 루돌프 슈타이너의 사상과 연결될 수 있음을 알려 주었다.

정신과학자 루돌프 슈타이너

정신과학자란 물질의 세계를 더 잘 이해할 수 있도록 정신의 세계를 탐구하는 사람을 이른다. 정신을 연구할 때의 방법들은 여러 자연 과학 부문들이 취하는 방법들 못지않게 엄밀하다. 두 연구 영역 공히 출발점은 사유이다. 그렇지만 정신과학은 자연 과학이 그 분야의 사유 활동에서 보조 수단으로 사용하는 외적 기술들을 그대로 가져다 쓸 수 없다. 그렇기 때문에 정신과학은 자신의 사고의 힘을 크게 증폭시킬 수밖에 없다. 그러한 증폭이 가능하려면 많은 연습과 집중이 있어야하며, 또 정신적 세계의 존재 양상에 대한 인식도 요구된다.

    정신과학의 인식 내용들이 참이라면, 그러한 인식 내용들은
모름지기 누구에게나 적용될 수 있어야 한다. 삶의 많은 영역에서
정신을 연구한 루돌프 슈타이너의 성과는 이러한 의미에서
결실을 맺었다. 여기에서 우리는 생물학적 성장력의 측면만을
거론할 예정인데, 그뢰칭어에 따르면 성장을 일으키는 생물학적
힘은 아이들 그림을 이해하는 데 대단히 중요한 요소이며, 이
힘이야말로 아이들의 성장을 가능하게 하는 것이다. 루돌프
슈타이너는 이러한 힘을 에테르적 생명력(또는 에테르의 힘)
이라고 했다. 그의 진술에 따르면 태어나서부터 여덟 살이
될 때까지의 기간은 아이의 내부 기관들이 대부분 형성되는
결정적인 때이다. "아이는 자신이 분만이나 수태의 통로를 통해
정신과 영혼의 세계들에서 가지고 온 것을 신체의 물질 기관에
심어 놓는다. 아이는 이러한 기관들을 직조하느라 분주하다.
아이는 자신이 의지하는 바를 행동에 옮기되, 이것은 어디까지나
이러한 직조 작업의 일환이며, 그러느라 아이는 외부 세계로
통하는 문들을 아직도 걸어 잠그고 있다. 이 시기에 아이들이
하는 일은 다름 아니라 자신이 의지하는 바를 수행하는 것이며,
외부 세계의 의지는 아이들에게 닿을 수 없으므로, 아이들이
하는 그 일에 무모하게 끼어들어서는 안 될 것이다."*

* 〈인간존재의 건강한 발달Die gesunde Entwickelung des Menschen-
  -wesens〉(GA 303)_루돌프 슈타이너, 도르나흐, 1987, 제 7강연, 124쪽

"아이 스스로 내부 기관들의 직조 작업을 떠맡게 된다."는 슈타이너의 말은 곧 생물학적 생명력이 아이의 잠재의식 층에서 무의식적으로 작동하고 있다는 의미이다. 바로 이 힘이 아이의 성장을 일으키고, 각 기관들을 형성한다. 이 힘은 태어나서부터 여덟 살이 되기까지 내부 기관들을 형성하는 일을 담당하여, 일생 동안 이 기관들이 제 기능을 수행할 수 있도록 해준다. 생물학적 생명력의 작용으로 모체 안에서 시작된 성장은 계속 이어진다. 그리고 학령기가 시작되면서 생명력들의 이러한 작용은 종결된다. 루돌프 슈타이너는 이 작용을 '조형적 형태화', 또는 '기관 형성 과정의 완성'이라고 불렀다. 그리는 활동을 포함한 이 시기 아이들의 모든 행위는 생명력을 통한 내부 기관의 성장에 종속되어 있다.

아이가 어릴수록 그 아이는 외부 세계에 대해 더욱 굳게 문을 닫아 건 상태이며, 또 아이의 삶은 먹고 마시는 데 대한 자기 욕구와 간혹 생기는 고통에 매여 있다. 이러한 상태는 젖먹이에게서 특히 두드러지게 나타나며, 첫 번째 7년이 종결되는 시점에 이르는 동안 차츰 약화되기는 하지만 지속된다.

모든 힘이 그렇듯이 생물학적 생명력 역시 눈으로 볼 수 없다. 루돌프 슈타이너는 이러한 힘의 작업을 세 국면, 즉 0-3세, 3-5세, 5-7세로 분류하였다. 앞으로 살펴보겠지만, 이러한 분류는 아이들 그림에서 드러나는 성장과도 조응한다.

태어나서부터 세 살이 끝날 때까지 생명력은 특히 머리에 작용한다. 이때 뇌의 내부 요소들이 하나하나 형성된다. 요컨대 뇌의 성장은 태어날 당시 종결된 상태가 아니다. 이 시기 아이의 삶은 자신의 신체 기능들 안에 머물러 있는데, 흡사 꿈속과 같다. 바로 이 시기가 꿈을 꾸듯 어설프게 그림을 그리는 시기이다.

아이는 엄청나게 골몰해서 그림을 그린다-이러한 행동에서 심층적인 욕구가 표출된다.

생명력은 이러한 작업을 수행하면서 뇌의 형태를 잡아 나간다. 인간에게 그 주변 환경의 요소들이 새겨지는 것과 마찬가지로 생명력들에도 그 주변 환경의 자취들이 새겨진다.

그래서 우리는 그러한 생명력을 형태를 만드는 힘(형성력)이라고도 부른다. 뇌의 형태뿐만 아니라 이러한 생명력이 만들어내는 머리 자체의 둥근 형태도 생명력들에 이미 들어 있던 것의 모사이다. 세 살이 지나면 주로 머리 부분에 집중되어 있던 생명력의 활동은 종료된다. 그리고 이즈음 생명력은 루돌프 슈타이너가 '아이의 기억력 또는 구속된 기억력'으로 지칭한 것으로 변화 된다. 이러한 아이의 기억력은 어른의 기억력처럼 자유롭지가 않다. 다시 말해서 어른의 기억력은 자신이 의도하는 것을 바로 기억해낼 수 있게 해주는 반면, 아이의 기억력은 오히려 각 기관들의 형태에 매여 있다. 세 살이 지나면 아이가 생명력(이 시점에서 생명력은 구속된 기억력과 그림의 힘으로 전환된다) 이 수용된 형태들을 전혀 의식하지는 못하지만 '기억해 내기' 시작하는 것도 그 때문이다.

아이가 '기억해 내는' 최초의 형태는 머리의 둥근 형태이다. 두 살 반에서 세 살 사이의 아이들이 그리는 것이 이러한 둥근 머리의 형태이다. 이 시기 아이는 가끔 그림에 두 부분으로 나뉜 뇌와 비슷한 형태를 그리기도 한다. 아이들이 본격적으로 그림을 그리기 시작하는 시기는 네 살과 여섯 살 사이다

한편 그림의 힘으로 전환되지 않은 생명력은 폐와 심장, 즉 가슴 부분을 형성하는 일을 계속한다. 이러한 기관 형성 작업이 완료되면, 생명력은 자체 안에 폐와 심장의 리듬적인 기능들에 대한 모상을 지니게 된다. 선과 둥근 형태들이 같은 모양으로

리드미컬하게 반복되는 많은 그림은 바로 이러한 것의 반영이며, 이러한 양상은 네 살, 다섯 살 아이들의 그림에서 엿보인다.

루돌프 슈타이너에 따르면, 5-6세가 지나고 생명력이 가슴 부분에서 놓여나게 되면, 이 힘은 '어린아이의 상을 떠올리는 힘'으로 변화한다. 이것은 아이마다 자신이 그리고자 하는 것을 미리 떠올릴 수 있게 하는 힘이다. 이 시기 이전 단계에서 아이는 아무런 사전 과정을 거치지 않고 즉자적으로 그림을 그렸지만, 이 시기부터는 자신이 외부 세계에서 본 것이나 내면에서 상상한 것을 그리게 된다. 이 시점 이후가 되면 그들의 그림은 어른이 바로 이해할 수 있는 양상을 띠게 된다.

그러나 기억력이 신체 기관들에 구속되는 일은 여덟 살까지 지속된다. 특히 이 시기, 즉 여섯 살부터 여덟 살 사이의 시기에 생명력에 의해 형성되는 기관은 신진대사가 이루어지는 영역과 사지에 해당하는 기관들인 위와 간, 대장, 다리, 발 따위 등이다. 이 시기부터 그림에 등장하는 인물은 발로 굳건하게 땅을 딛고 서 있는 모습을 보인다.

앞의 내용을 총괄해서 다시 한 번 확실히 짚어보면, 생명력은 신체 기관들의 형태를 만드는 작업을 하며, 그 형태들을 자기 안에 담는다. 마치 하나의 형태를 서서히 만들어서 완성한 사람은 이후에 그 형태를 그림으로 그릴 수 있는 것과 마찬가지로, 생명력도 기관 형성 작업을 마치면 점진적으로 변화해 가는데, 특히 그림을 그리는 힘으로 바뀌어 간다.

바로 이러한 이유 때문에 아이들은 흔히 신체 기관과 비슷한 형태들을 그리며, 그 빈도는 우리가 보통 생각하는 것보다 훨씬 잦다. 그래서 우리는 신체 기관들의 모습을 사전에 알고 주의를 기울이기만 하면 된다. 이러한 사실을 발견하고 난 뒤 나는 한때 아이들 그림을 좀 더 잘 이해하기 위해서 의학을 공부해 보고 싶은 마음이 들기도 했다. 여덟 살 무렵이 되면 생명력은 육체를 형성하는 작업을 종료한다. 이제 힘들은 대부분 '자유로운 기억력'으로 변화해서, 의식적인 지식 습득의 기초가 된다. 이때가 바로 학령기이다.

그러므로 학령기 이전 단계의 아이는 몸집만 작은 어른이 아니라, 어른보다 자신의 몸과의 친밀도가 훨씬 더 높은 작은 인간인 것이다. 그 이후 평생토록 인간과 그의 육체적-생물학적 삶 사이의 관계가 첫 7년 동안 만큼 친밀한 때는 다시 없다. 그렇기 때문에 이때 아이의 그림은 그 이후의 그림과는 판이하다.

아이와 아이의 생명력과의 밀착 관계는 8세 시기에 해소된다. 그러므로 학령기 아이들의 그림은 유치원 아이들의 그림과는 다른 각도에서 이해되어야 한다. 물론 초등학교 1학년 아이들에게서는 첫 7년간 성장 과정에서 보이는 막바지 흔적들이 나타난다. 결론적으로 이 책을 서술하는 첫 번째 가설은 다음과 같다.

아이의 그림과 육체적-생물학적 발달은 서로 나란히 놓일 수 있다.

아이들 그림을 이해하고자 하는 사람은 모름지기 아이들의 존재 자체를 진지하게 받아들여야 한다. 이 점에 대해 볼프강 그뢰칭어는 일목요연하게 다음과 같이 설명한다. "과학자가 망원경을 통해 우주 공간을 들여다본다. 또 현미경을 통해 파리의 돌연변이를 관찰한다. 그런 아버지 옆에서 아이는 벽에다 뭔가를 긁적대고 있다. 그러나 과학자는 자신이 생성 과정을 추적하고 있는 나선형 성운과 마찬가지로 아이의 그림에도 우주가 감추어져 있음을 알아채지 못한다. 또 자신이 관찰하는 한 마리 파리에서도 부인하지 않는 가치, 즉 비밀스런 가치가 이 아이에게도 있다는 사실은 생각지도 못한다."[*]

그렇기 때문에 아이 자아의 정체가 무엇인지, 또 그뢰칭어가 주장하였듯이 아이가 지상의 삶 바깥으로부터 일련의 경험들을 가지고 오는지 따위 물음은 여전히 해결되지 않고 있다. 물론 아동기 후반의 그림들은 특별히 이러한 측면을 염두에 두지 않고도 이해가 가능하다. 그러나 생각의 방향을 바꾸어 이러한 측면을 염두에 둔다면 아이의 존재와 아이들 그림의 근원과 의미에 대한 이해의 폭은 어마어마하게 확장될 수 있다.

세 살부터 아이는 자기 자신을 '나'라고 지칭한다. 요컨대 아이도 하나의 자아를 가지고 있음에 틀림없다. 그런데 그

---

[*] 볼프강 그뢰칭어 책 16쪽(37쪽 각주 참고)

자아는 대체 어디서 비롯된 것일까? 루돌프 슈타이너는 아이의 자아에 대해 많은 이야기를 하고 있는데, 그의 정신과학 연구에서 중심 역할을 하는 것도 바로 이러한 자아이다. 인지학이 내놓은 인식들에 따르면, 자아는 인간의 가장 내밀한 본질의 핵심, 타인과 자신을 구별해 주는 그 자신만의 개성이다. 또한 그것은 인간에게 있어서 절대로 사멸하지 않는 부분으로, 경험들을 축적하고 인식 측면에서 또 사랑하는 능력 면에서 앞으로 나아가기 위해 지상에서의 삶을 여러 번 거치는 부분이다.

인지학에 따르면, 인간은 죽음과 재탄생 사이의 시기에 비물질적인 정신체로서 삶을 산다. 사실 육체가 없더라도, 오로지 의식만으로 존재할 수 있다는 것은 죽음 가까이에 가 본 우리 시대 많은 사람의 경험이 말하고 있다. 이들은 자신의 육체 바깥에서 일종의 죽음과 근접한 상태에 있는 체험을 한 것이다. 이들은 이때 자신이 또 다른 몸을 가지는 경험을 했고, 이러한 또 다른 몸을 레이몬드 무디Raymond Moody는 자신의 책 <죽음 후의 삶>에서 '정신체'라고 이름 붙이고 있다.*

그러므로 우리가 익히 알고 있는, 육체에 머무르는 상태와는 또 다른 상태에서 비롯되는 체험들에 대해 이야기한다고 해도 그것은 전혀 불가사의한 것이 아니다. 즉, 아이가 육체에

---

* <죽음 후의 삶Life after life(Leben nach dem Tod)>_레이먼드 무디, 라인벡, 1977

속박되기 전에 처해 있었을지도 모르는 또 다른 존재 형식을 상정할 수 있다. 좀 더 쉽게 이해하려면, 아이가 모체 안에서의 삶을 갖기 이전에, 정신적 존재로서 지구 주위의 조화로운 우주 안에 있었다는 것으로 생각하면 될 것이다. 아이는 세상에서 또 한 번의 삶을 살게 되기 전에, 필시 그뢰칭어와 슈트라우스가 말하는 우주와 행성의 궤도들을 체험했을 것이다.

이 말이 맞는다면, 아이의 우주 체험과 '아이의 내적 자아'에 대해 그뢰칭어가 여러 차례 언급한 우주에 대한 기억들, 곧 지상에서의 삶 이전 시기에 대한 기억을 아직 간직하고 있는 아이들의 그 부분과 연결될 수 있을 것이다. 아이가 지상에서 엄마의 몸 안에 존재하기 이전의 삶을 모사하는 긁적인 그림들은 혹시 아이가 단순히 외부로 드러나는 물질적 존재만은 아님을 우리에게 웅변하고 있는 것이 아닐까. 되레 이러한 그림들은 아이가 자기 안에 지니고 들어온 또 다른 세계의 존재를 말해 주는 최후의 증언일지도 모른다. 아닌 게 아니라 "긁적거린 그림들은 마치 문을 두드리는 신호처럼, 어른들에게는 이미 오래 전에 닫혀 버린 영역으로부터 우리 감각들을 향해 물밀듯 밀려온다."*라고 그뢰칭어는 기술하고 있다. 이제 우리는 '아이의 내적 자아가 우주의 체험들을 지니고 들어온다'는 그의 언급에 대해서 다음과 같이 상상할 수 있겠다. 자아는 엄마의

---

* 볼프강 그뢰칭어의 책 18쪽 (37쪽 각주 참고)

몸 안에 정착한 시점부터 신체 기관들에 자신의 우주적 체험을 새겨 넣고, 이후에 그림 그리는 능력을 통해 그러한 체험들을 끄집어낸다.

한 마디 덧붙이자면, 볼프강 그뢰칭어가 곁에 아이를 데리고 우주를 들여다보고 있는 과학자를 예로 들 때, 하필이면 천문학자를 택한 것도 이러한 견지에서 보면 아주 흥미롭다. 천문학자란 모름지기 뭇 행성들과 성운을 연구하는 사람인데, 이 연구 영역들은 다름 아니라 아버지보다 아이가 훨씬 더 밀도 있게 체험하는 영역인 것이다.

이렇게 해서 이 책을 서술하는 두 번째 가설을 다음과 같이 정리할 수 있겠다.

아이는 수태되기 전에 조화로운 우주를 체험했던 개체로 볼 수 있다.

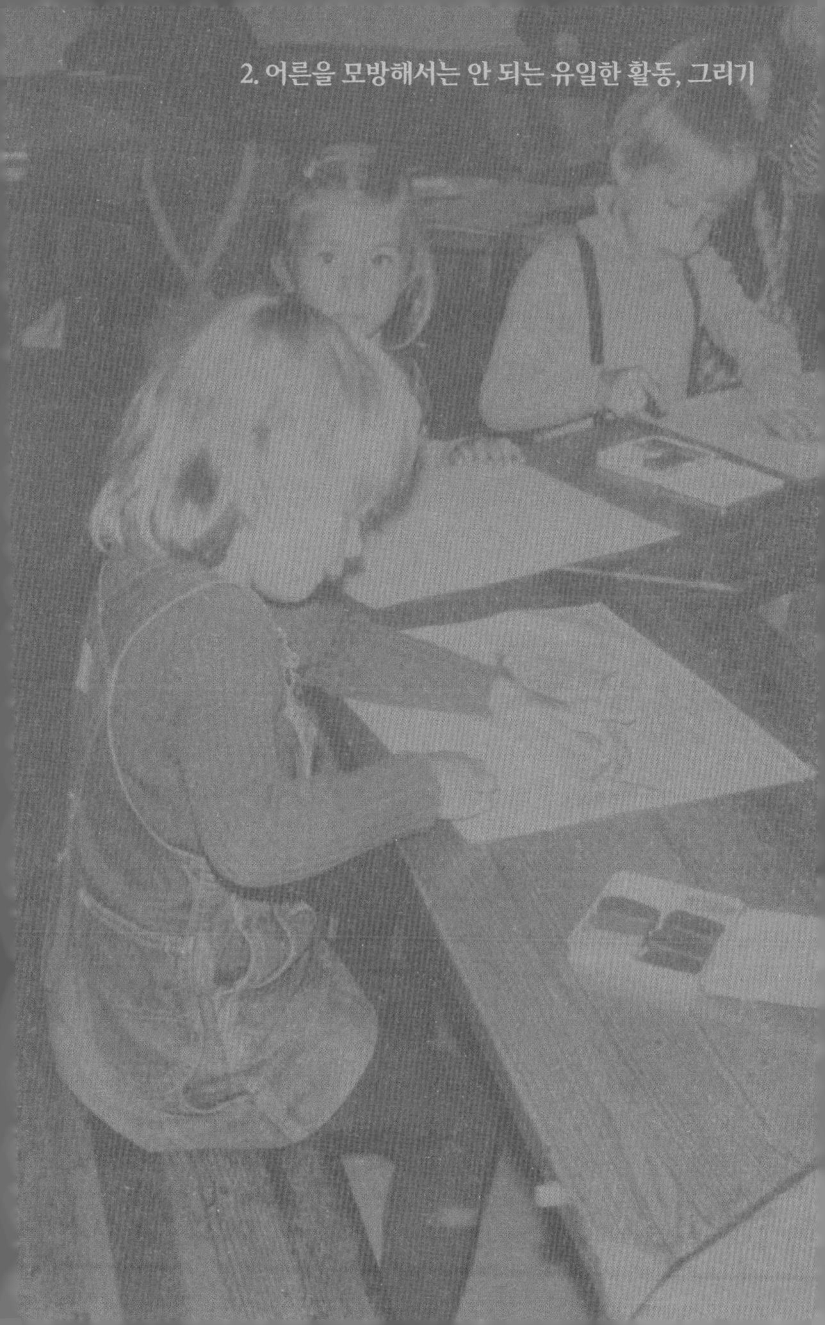

개별 그림을 해석하는 것으로 넘어가기 전에, 혼동을 피하기 위해서 아이들이 그리는 단색의 스케치와 '아이들의 색 그림' 사이의 차이점을 분명하게 짚고 넘어가야겠다. 이 책에서 아이들의 스케치라고 하면, 아이들이 물을 쓰지 않는 색연필, 연필, 볼펜 기타 이와 유사한 그림 도구를 가지고 그리는 그림을 말한다. 즉, 선-그리고 형태-이 분명하고 두드러지게 드러나는 그림들이다. 여섯 살이 되기까지 아이는 선을 가지고 산다. 이러한 점은 아이들이 그림 그릴 때 취하는 테크닉에서 잘 볼 수 있다. 다양한 형태가 아주 힘찬 동작과 함께 빠르고 즉각적으로 종이 위에 앉혀진다.

건강한 유아는 그림을 그리기 전에 '생각하는' 시간을 오래 갖지 않는다. 손은 자신이 하고자 하는 것을 바로 알아차린다. 아이의 활동에 개입하지 않고 아이가 하는 대로 내버려 둔다면, 이 시점에서 가장 중요하게 볼 점은 색채가 아니라 형태이다. 이 시기 아이들은 색채를 선택할 때 밝은 색 또는 어두운 색 정도로 결정한다. 보통 먼저 밝은 색을 선택하고 그 위에 어두운 색을 선택해서 그림을 그린다.

아이가 그림을 그릴 때 그 힘찬 동작에도 유의해야 한다. 아이의 그리는 힘을 생각하면 이 시기에 가장 바람직한 그림 도구는 너무 뾰족하지 않은 색연필이나 밀랍 색연필, 오일 파스텔, 크레용, 사각 밀랍 크레용 따위이다. 경험으로 볼 때 이 시기 아이들에게는 연필 형태로 된 것이 더 나은 것 같다. 왜냐하면 직육면체의 사각 크레용은 원래 학교용으로 만들어진 것으로, 학령기 아이들이 선의 단계에서 벗어나 면으로 이행해 가도록 지도할 때 쓰는 것이다. 학령기 이전의 아이들이 쓰는 도구는 종이 위에 앉혀질 내용, 즉 역동적인 선에 걸맞은 것이어야 한다. 아이는 색연필을 쓸 때 이러한 역동적인 선을 가장 잘 그릴 수 있다.

5-6세가 지나면 그림의 성격이 바뀐다. 이제 아이는 자신의 색을 보다 신중하게 골라낸다. 형태들을 색으로 채우고, 또 종이 전체를 다른 색들로 완전히 채울 수 있게 된다. 그러나 아이로 하여금 공간을 색으로 채우도록 종용해서는 안 될 것이다. 그렇게 되면 아이만의 그 능력이 언제 생기는지 알 수가 없기 때문이다. 지면 전체가 어느 정도 고르게 채워져 있고 색들이 윤곽선 바깥으로 삐져나오지 않은, 색칠이 잘 된 그림은 아이가 학령기가 되었다는 신호이다. 단, 이러한 그림이 어른의 영향이 개입되지 않은 상태에서 그려졌을 경우에 한해서이다.

우리가 그림들을 해석하고자 할 때, 가장 중요한 요소는 그림이 담고 있는 역동성이다. 그렇기 때문에 우리는 이 책에서 수채화 물감으로 그린 그림은 고려의 대상으로 넣지 않는다. 수채화 물감으로 그린 그림은 형태가 그다지 또렷하게 도드라지지 않기 때문이다. 그림의 형태들에는 그리는 아이의 본질이 그대로 표현된다.

먼저 어른들이 가장 접근하기 어려워하는 아이들 그림, 즉 5-6세 이전 아이들의 그림에 대해 이야기해 보겠다. 유감스럽게도 어른들은 아이에게 "대체 이게 뭐니?"라고 밥 먹듯 물어대곤 한다. 그러나 아이 자신도 자신이 무엇을 그렸는지 알지 못하기 때문에, 아이가 하는 대답을 출발점으로 삼을 수 있는 경우는 거의 없다.

어느 날 "엄마, 엄마는 내가 그린 게 뭔지 알아?"라고 묻는 세 살 반짜리 여자아이의 예가 이러한 점을 여실히 보여 준다. 이에 아이의 어머니는 "아니, 몰라"라고 대답했고, 이어서 아이는 "엄마, 나도 모르겠어."라고 대답했다.＊

어른의 역할

아이들 그림에 대해 이해하려 할 때, 가장 우선되어야 할 조건은 그림이 종이 위에 앉혀지기까지 되도록 어떠한 방해나 개입도 없어야 한다는 것이다. 어른이 그림을 그리는 아이들의 활동에 개입하면 할 수록, 아이가 자기 그림을 통해 스스로 이야기하리라는 기대는 더욱 할 수 없다. 아이는 모름지기 내면에 있는 자기 본질의 심층들이 이끄는 대로 종이 위에서 자유롭게 활동하는 기회를 누려야 한다.

＊ 〈아이들 그림Die Zeichnungen der Kinder(Børns Billeder)〉_합스코프 옌젠Bodil Havskov Jensen

반면 어른은 위로 물러서 있는 것을 배워야 하며, 아이에게 최적의 도구, 즉 커다란 종이와 적절한 색연필을 제공하는 본연의 임무에 충실해야 한다. 옆에서 훈계를 하거나 어떤 것을 그리라고 요구하는 것, 아이를 위한다는 목적으로 원래의 그림을 '고치는 일' 따위는 금물이다. 설령 아이가 자기 그림을 고쳐달라고 졸라도 그래서는 안 된다. 이처럼 아이가 어른한테 조르는 일은, 예전에 어른이 개나 동그라미를 그려 주고 아이로 하여금 그 안쪽을 색칠하게 했거나, 아이가 '점, 점, 쉼표, 선, 얼굴 완성'의 도식으로 그림을 그리게 했거나 둘 중 하나이다.

이러한 식의 개입은 아이의 그리는 능력이 자발적으로 전개되는 것을 방해한다. 이렇게 개입이 일어날만한 상황에 직면했을 때, 어른은 이를테면 "자, 이제 내게 멋진 그림을 그려주는 거야."라고 아주 기대에 찬 어조로 이야기를 해 준 다음 아이가 그림을 그리는 책상을 떠남으로써 아이의 바람을 비껴가면 된다.

아이가 그림을 그리는 동안 어른은 당연히 주위에 머물러 있어도 된다. 그러나 이때 어른은 다른 활동을 하고 있으면 좋다. 예컨대 예전에 그린 그림들을 정돈한다든가, 거기에 이름을 적어 넣는다든가, 먼지를 닦아낸다든가 하는 등의 활동을 하면 된다. 그리고 그림을 그리는 아이 주위에 다른 아이들이 떠들거나 어지럽게 뛰어다니는 일은 가급적 없어야 한다. 그림을 그리는 아이의 무의식적 체험들이 방해를 받아서는 안 되기 때문이다.

　이상하게 들릴지는 모르지만, 그림 그리기는 아이가 어른을 모방해서는 안 되는 유일한 활동 영역이다. 왜냐하면 아이에게는 아직 남아 있는 능력이 어른에게는 이미 없기 때문인데, 그것은 바로 자기 자신의 몸 안에 있되, 거기에서 꿈을 꾸며 무의식적으로 사는 능력이다. 외부 감각계에서 진행되는 다른 모든 일의 과정을 통제하는 일로 말할 것 같으면, 어른이 아이보다 낫다. 즉 어른은 제대로 음식을 만들고, 청소를 하고, 창문을 닦고, 정원을 돌보며, 빨래를 하고 땔나무를 쪼개고 하는 등등의 일을 할 수 있다. 그리고 학령기 전 아이에게는 어른을 따라 이러한 일상의 일들을 모방해 보는 기회가 주어져야 한다. 모방의 능력이야말로 아이가 세상에 적응하기 위한 도구이기 때문이다. 하지만 아이들 그림은 그와 반대로 외부 감각계로부터 비롯되는 것이 아니다. 아이들 그림을 통해 표출되는 것은 생명력이 형성한 신체 기관들이다.

　이러한 관계에 대해 모방이라는 말을 굳이 쓰고 싶다면, 그리는 과정을 아이 자신의 내부에 있는 신체 기관들의 모방이라고 이해하면 되겠다. 아이는 일단 종이와 색연필을 손에 쥐면, 설령 어른이 이러한 활동을 하는 것을 본 적이 없는 아이라 할 지라도 즉각 그림을 그릴 것이다. 아이는 알아서 호흡을 하고 또 배우지 않고도 엄마의 젖을 빨 줄 아는 것과 마찬가지로 알아서 그림을 그릴 능력이 있다.

유치원에서 나는 보통 아이들이 그림을 그릴 때 다같이 그림을 그리도록 해서, 동시에 다 그릴 수 있는 기회를 갖게 해 주었다. 이러한 방법을 쓰면 그림 그리기에 필요한 조용한 분위기가 확보된다. 그러나 그림 도구들을 상시적으로 놓아두지는 않았다. 왜냐하면 그럴 경우 많은 아이들이 집단내의 사회적 상호 작용인 다른 아이들과의 놀이를 기피하고 오로지 그림만 그리려고 하기 때문이다. 그림을 그리는 활동이 자기 신뢰감을 강화시켜 주는 것은 사실이지만, 아이들에게는 노는 것 또한 그에 못지않게 삶을 구성하는 중요한 요소이다. 또 모든 아이가 동시에 그림을 그리게 하면, '산만한' 아이들을 그림 그리는 활동에 끌어들이기가 훨씬 수월해지는 효과도 있다. 다른 아이들과의 불협화음으로 진정한 자기 신뢰감의 결여를 드러내는 아이들이야말로 그림을 그리는 활동이 필요하다. 이러한 활동은 아이가 기분 좋게 자기 자신에 대한 신뢰감을 갖도록 도와준다. 특히 이 아이들에게서 그림 그리기의 치유 효과를 볼 수 있는 것도 이 때문이다.

집에서는 종이와 색연필이 항상 놓여 있는 장소를 만들어도 좋다. 아니면 아이가 우연히 발견할 수 있도록 한 곳에 그림 도구들을 놓아두는 것도 좋은 방법이다.

아이가 자기가 그린 그림을 건네주면, 흥미를 표하며 그것을 받되, 무엇을 그린 것인지는 묻지 말아야 한다. 이미 언급했다시피, 아이 자신도 답을 모르기 때문에, 그러한 질문은 아이에게 혼란만 가져다 줄 것이다. 아이가 자신이 그린 형태들에 대해 설명을 하는 경우도 흔히 있는데, 이것은 아이가 자기 그림에서 묘사된 것이 무엇인지에 대한 질문을 받는 일에 이미 익숙해져 있기 때문이다. 그림을 설명할 때 아이는 자기 주변에서 익숙해진 사물들의 명칭을 사용하지만, 그럼에도 불구하고 아이는 자기 자신을 그린 것이다. 어른이 이런 상황을 아이에게 말하지 않는 것은 당연한 일이다.

유치원 아이들이 전부
동시에 그림을 그리게 되면
이러한 활동에 필요한
안정된 분위기가 확보된다.

아이가 설명하는 내용을 수정하는 일도 없어야 하며, 그저 그림이 멋지다고 말하는 것으로 족하다. 그리고 그림에 이름과 나이, 날짜 등을 적고, 추후에 상세히 살펴볼 수 있도록 그림을 잘 보관하면 된다. 단, 그림을 다시 꼼꼼히 살펴보기까지 너무 오랜 시간이 걸려서는 안 될 것이다. 왜냐하면 아이가 그림을 그릴 당시의 상태를 기억하고 있는 동안이라야 그림에 담긴 것이 훨씬 더 쉽게 보이기 때문이다.

아이들이 자기 활동의 산물인 완성된 그림에 관심을 보이는 경우는 극히 드물다. 그렇기 때문에 그림을 그린 아이가 명시적으로 요청하는 경우가 아니라면 그림을 걸어 둘 필요도 없다. 그리고 아이들 그림의 이러한 기본적인 측면들을 몰랐기 때문에 아이들 그림을 제대로 살펴본 적이 없는 사람도 양심의 가책을 느낄 필요는 없다. 양심의 가책을 느낀다고 하더라도 그것이 가져올 결과는 아무것도 없다. 오히려 이제부터 아이들 그림을 새로운 눈으로 보면서 장차 그 아이가 하게 될 많은 체험을 즐거운 마음으로 기대하는 것이 더 좋을 것이다.

아이들 그림을 해석하기 위한 몇 가지 제언

지나친 텔레비전 시청이 아이 내부에서 자발적으로 솟아 나오는 그림 그리는 자질을 파괴할 수도 있다는 것을 이 기회에 강조하고 싶다. 텔레비전을 본다고 했을 때, 방송이 어떤 내용이냐 하는 것은 거의 의미가 없다. 그럼에도 불구하고 그 중에서도 가장 나쁜 내용은 어른이 나와서 아이들에게 그림을 어떻게 그리는지를 보여 주는 부류의 방송이다. 아이들 그림 안에 숨어 있는 것을 발굴해 보고 싶은 사람이라면, 모름지기 아이를 이러한 부류의 방송(유감스럽게도 이러한 방송들은 보통 인기 상한가를 달린다)에서 멀찌감치 떼어놓아야 할 것이다. 이러한 방송들은 아이의 자발성을 여지없이 파괴한다.

아이들 스스로 훨씬 잘 그릴 수 있는데, 텔레비전을 통해서 어른들이 아이들에게 그리는 방법을 보여준다는 것은 그야말로 역설이 아닐 수 없다. 당연히 아이 스스로 그림 그리는 일에 흥미를 갖도록 해야 한다. 아이들이란 본래 능동적인 인간이며, 스스로 행동하려는 의욕이 아주 강한 존재이다. 그러므로 아이들이 그림을 그리도록 자극을 주는 일은 어렵지 않다. 때때로 아이들로 하여금 그림을 그리도록 하는 것이 힘이 들 때도 있지만 그럴 때조차도 아이들이 일단 시작하면 즐겁게 몰입하는 모습을 볼 수 있다. 이것은 힘이 드는 것을 몇 배 보상하고도 남는, 아이들이 우리에게 주는 일종의 선물이다.

아이의 그림에서 다양한 형태들이 등장하는 시점은 각기 다르다. 이것은 아이들마다 뛸 수 있는 능력이 생기는 시점이 다른 것과 마찬가지다. 다만 다양한 형태가 일정한 순서로 나온다는 점을 유의하면 된다. 이러한 다양한 형태는 다름 아니라 아이가 지니고 있는 생명력이 아이의 몸 전체에 작용했음을 말해주는 표지이다. 그래서 앞으로 나오는 모든 그림에 그린 아이의 정확한 나이를 기재하지 않았다. 어떤 아이의 경우에는 오랜 시간 여러 가지 형태 사이를 오락가락하기도 한다.

계속되는 내용에서 언급될 그림들은 대체로 그린 아이가 동일하지 않다. 한 아이의 그림이 여러 장 실린 경우에는 이를 명시했다.

여기에 수록한 아이들 그림은 두 부분으로 나누었다. 먼저 일곱 살까지 나타나는 정상적인 발달에 대해 서술했다. 다음에는 출생, 이갈이, 질병, 고통, 수술 같은 아이의 체험들이 그림에 어떤 자취를 남기는지에 대한 보고이다.

선을 긁적이는 단계는 아이가 공중에 떠 있던 상태를 그린 것이다. 이때 아이는 자신을 둘러싸고 있는 우주의 환경과 완전한 합일을 이루고 있으며, 아직 땅과의 접촉이 이루어지지 않은 상태이다. 이 시기 아이는 우주를 두루 탐색하고 공간을 이리저리 배회, 비상하며 자신의 힘들을 시험하는데, 이러한 운동의 양상은 행성들의 궤도를 닮았다. 흡사 한 마리 새처럼 아이는 세상 만물을 굽어보며 유유자적하게 공중을 날아다닌다.

그러나 곧 땅이 아이에게 눈빛을 보내며 손짓하는 시기가 되고, 아이는 냉큼 아래로 내려가 땅을 만져 보려고 시도하고는 얼른 다시 뒤로 물러선다. 아주 서서히 아이는 지상의 힘들에 포획되어 간다. 해서 이제 아이는 방향 없는 우주에서 자유롭게 유영하던 우주적 상태를 접어야만 한다. 흡사 별똥별처럼 아이는 땅의 유인을 받는다. 바로 이 우주의 생명력으로부터, 길게 가지를 뻗은 둥근 형태가 생겨나고, 이제부터 아이에게 땅으로부터 지상의 의지와 그 의지를 구성하는 힘의 요소가 채워진다. 이러한 상태는 서로 중첩된 많은 선으로 표출되며, 아이는 이러한 선들을 그리는 데 의지력을 듬뿍 투여한다.

땅에서의 여정이 바야흐로 시작된 거이다. 이제 아이는 땅의 형태(머리와 몸통으로 표현된다)를 띠게 되면서 또한 땅의 의지(성장에 작용하게 된다)에 편입될 수밖에 없다. 아이는 어둠에 에워싸이지만, 마지막 한 줄기 빛을 지니고 들어온다.

다음의 그림 넉 점을 통해 땅으로 향하는 아이의 여정을 따라가 보자.

[그림 1]

그림 1에서 보면 아이는 우주 공간을 운행하는 행성의 움직임으로 자기 자신의 무중력을 체험하고 있다. 거의 잊힌 이러한 체험들을 종이 위에 순식간에 옮긴 그림이다.

[그림 2]

최초의 돌진으로 아이는 땅과 조우한다. 저 아래 삶은 어떨까? 용기를 내서 좀 더 가까이 다가가 볼까? 여기에서 사는 것은 멋질까?

[그림 3]

아이는 혜성처럼 공중을 떠돌며, 그와 동시에 발끝으로 땅과 접촉해 본다. 땅으로 돌진하고 나서는(그림의 아래 부분) 늘 고무공처럼 다시 공중으로 튀어 오른다.

[그림 4]

그림 4는 순전히 산지사방으로 이리저리 날아다니는 움직임들로 구성되어 있어서, 얼핏 혼돈처럼 보인다. 그러나 위쪽의 가로선들 위로 나타나는 어떤 요소가 있다. 이것은 가로선에 수직

방향으로 막 일어서려 하고 있다. 아이는 중력이 붙들고 있는 형국에서 서기를 익혔던 시기를 다시 느끼고 있다. 색은 노랑과 초록, 파랑을 밝기 순서대로 사용하고 있다. 이것은 아이 자신이 빛에서 와서, 어두움 안으로 뚫고 들어가는 존재이기 때문이다.

우주의 형태와 지상적 요소의 쟁투

다음에 나오는 그림 다섯 장(5a-5e)은 같은 부류에 속한다. 이 그림들은 22개월 된 아이가 불과 몇 분도 안 되는 사이에 그린 것으로, 아이 안에서 무중력 상태에서 일어나는 일련의 움직임과 관계들을 나타낸다. 당시 아이에게 종이를 한 장씩 주었는데, 아이가 먼저 그린 그림을 건네주면 새 종이 한 장을 주었다. 그러면 아이는 바로바로 그림을 그려 나갔다. 아이는 자기 활동에 완전히 몰입했고, 그림을 그리는 동안 그때그때 그리는 그림과 합일 상태가 되었다.

이 그림들을 보면 마치 눈에 보이지 않는 세계를 연속 촬영한 영화 같은 일정한 순서가 엿보인다. 앞 세 장의 그림에는 두 개의 교차점이 드러나고, 마지막 두 장의 그림에서 이 두 개의 교차점은 한데 융합되어 하나의 동일한 형태를 이룬다. 이것은 마치 일련의 요소들 즉 최종적인 통일을 이루기 전에 벌이는 싸움, 즉 '우주의 둥근 형태'와 '지상의 의지'라는 거인적 요소가 벌이는 쟁투처럼 보인다.

[그림 5a]

그림 5a에서 우리는 양대 요소들 사이의 차이를 가려낼 수 있다. 하나는 왼편 위쪽 구석에서 시작되고, 다른 하나는 오른편 아래쪽에서 시작된다. 이 단계에서 벌써 두 가지 상이한 표현 형태가 모습을 드러낸다. 왼편의 구조물은 마치 '반원 형태'들로 이루어진 매듭처럼 보이고, 반면 오른편의 구조물은 강력한 결합의 힘, '의지의 요소'처럼 보인다. 이 양대 영역은 동적인 선들로 서로 연결되어 있다.

[그림 5b]

　그림 5b에서는 '둥근'형태를 지닌 왼편의 요소가 우위를 점하고 계속해서 그림의 중앙으로 돌진하는 형국이다. '의지의 실타래'가 약간 위쪽으로 이동되어, 양 요소가 서로 접근하고 있는 듯이 보인다. 이제 더 이상 의지의 요소가 아주 강하지는 않다. 역시 양 분기점 사이에는 항상 연결선들이 존재한다.

[그림 5c]

그림 5c에 오면 지면에 나타난 양 극점이 하단으로 이동한다. 왼편에서 '둥근 형태'들이 물 흐르듯 유연하게 흘러나온다. 오른편에 나타나는 '의지의 표지'는 이전 그림에서보다 더 약해지면서 앞서 말한 둥근 형태들과 연결된다.

[그림 5d]

그림 5d에 오면 양 요소, 즉 '둥근 형태'와 '의지의 요소'가 결합해서 하나의 형태를 이룬다. 둥근 형태는 나선형을 그리며 움직이며, 그 움직임의 방향은 위에서 아래를 향하는 것으로 여겨진다. 하단의 선은 이 그림을 종결짓는 선으로, 왼편을 향해 진행하며, 허공에서 끝난다. 상단의 끝이 풀린 두 선은 오른편 중간 부분에 나타나는 의지의 형태 속으로 잠식되어 사라진다.

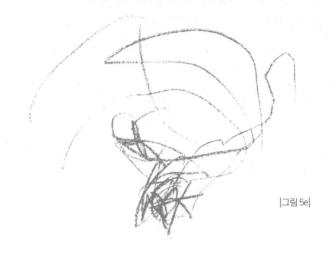

[그림 5e]

그림 5e에서 우리는 '의지의 요소'가 아래쪽으로 밀리고, '둥근 형태의 요소'가 위쪽으로 상승한 것을 볼 수 있다. (여기에 나타나는 둥근 형태들을 보면, 같은 연령의 다른 아이가 그린 그림 1의 행성 궤도가 즉각 떠오른다) 이 그림 위쪽(오른쪽)에서 공중을 날고 있던 무거운 의지의 요소가 땅이 지닌 중력에 점차 다가갔고, 이에 걸맞게 종이 아래쪽에 앉혀졌다는 것을 우리는 식별할 수 있다. 그 덕분에 둥근 형태들은 이제 위쪽을 향해 비상할 수 있게 된 것이다.

그림 다섯 장의 변화 과정을 통해 두 가지 공간적 방향과 두 가지 특질, 즉 커다란 곡선을 그리며 위쪽으로 상승하는 '우주의 둥근 형태'와 추처럼 바닥으로 떨어지는 '지상적 의지의 요소'가 전면에 드러난다. 이 시점부터 이미 아이는 두 가지 요소들을 가지고 활동을 하기 시작한다. 이 두 요소는 장차 '머리-발 그림'과 '나무-인간 그림'으로 발전해 간다. 이 시기 아이는 형태를 그리는 활동을 통해, 나중에 직립한 인간의 형태가 될 맹아 같은 것을 표현하는 순간에 있는 것이다.

수직 방향으로 곧추서는 힘이 신생아에게 이미 잠재되어 있는 것과 마찬가지로, 초창기 그림들에는 장차 직립한 인간의 형태로 표출될 미래의 그림 요소들이 이미 잠재되어 있는 듯이 보인다. 이 시기 아이는 자유롭게 비상하며 허공을 부유했던 상태를 서투르게 그림으로 나타내기는 하지만 이 다섯 점의 연속된 그림을 통해 그 순서를 차례차례 따라가 볼 수 있었다. 덕분에 우리는 이 비밀스러운 공간으로 들어가는 문을 한 뼘 더 열어젖히게 되었고, 바로 그 순간 어떤 요소들이 아이의 그림 그리는 활동에 관여하는지를 아주 가까이에서 자세히 들여다볼 수 있었다.

'머리-발 그림' : 자기 자신이 중심이라는 자각

인간이 되는 것, 그리고 자아를 발견하는 것은 싸움을 통해 획득하지 않으면 안되는 과정이다. 이것은 모든 것이 단숨에 이루어지는 그러한 과정이 아니다. 아이는 서투르게 긁적이는 그림 활동을 통해 우주의 유영 상태에서 벗어나 자신의 새로운 안식처를 마련해야 하는 시점에 부닥친다. 새로운 안식처는 바로 지상에 있는 자기 자신 안에 있다. 그래서 행성의 궤도처럼 허공을 유영하는 단계 이후에 둥근 형태가 나타나는 것이다. 이때 둥근 형태는 자기 자신을 '나'라고 지칭하게 된 아이를 의미하는 표지가 될 수 있다.

[그림 6]

자아를 점으로 나타내는 이러한 표지는 다름 아니라, 출생의 시점 이래로 아이 내부에 흘러들어와 머리와 뇌를 형성하던 생명력이 이제 점진적으로 그러한 작업에서 놓여난다는 사실의 표현이다. 생명력은 세 살이 지나면 아이로 하여금 둥근 형태를 그릴 수 있게 하는 힘으로 변환된다. 이때 아이는 생명력에서 나오는 힘(그림 6)을 총동원한다. 이 힘을 우리는 신체 기관들과 결부되어 있는 아이의 기억력이라고 규정한 바 있다. 우리는 '머리-발 그림'을 기점으로 시작되는 그림의 방향에서 이 힘을 엿볼 수 있다.

이 연령의 아이들 집단에서 그려지는 그림들을 보면, 아이들이 처음으로 머리를 들고 고개를 가누게 된 수 년 전 상태를 반복한다는 것을 알 수 있다. 아이가 처음으로 자신의 머리를 쳐들었을 때 아이에게는 실로 엄청난 의지력이 필요했다. 이제 아이는 이 의지력을 그림 그리기에서 활용한다. 이 시기 아이는 다시금 직립 보행의 능력을 습득하기 위해 자기 몸과의 쟁투를 겪게 된다. 이때 작용했던 의지의 힘은 '나무-인간 그림'으로 표출된다.

둥근 형태와 의지의 요소 사이의 쟁투가 계속되는 단계이다. 그림 6에서 보이듯이, 둥근 형태는 바야흐로 서투른 선들을 그리는 우주적-몽상적 상태에서 차츰 벗어나고 있다. 이 형태는 오른쪽 끝 바깥에서 시작되어 안쪽을 향해 세 차례 가량 선회해 들어가는 커다란 나선을 이루다가, 결국 의지의 요소 속으로 잠식된다. 세 살 된 아이는 나선을 그릴 때 항상 바깥쪽에서 안쪽으로 그린다. 요컨대 이 시기 아이는 우주 공간으로부터 자기 자신이라는 중심점에 점차 가까워지고 있는 것이다.

[그림 7]

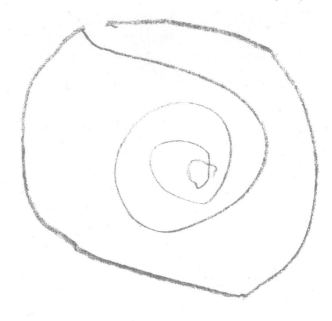

그림 7의 경우 안쪽으로 선회해 들어가는 완전한 나선이 의지의 요소인 힘찬 선들에서 놓여나 있다. 아이는 커다랗게 원운동을 하며 종이의 상단으로부터 중앙으로, 즉 자기 자신에게로 흘러간다.

[그림 8]

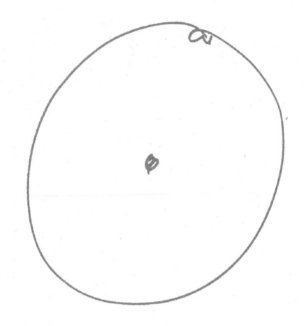

그림 8에서는 중앙에 점이 있는 원을 볼 수 있는데, 이러한 형태는 자기 자신을 발견한 아이를 나타낸다. 일반적으로 이러한 형태를 '자아 형태'라고 부른다. 이러한 형태는 아이가 자기 자신을 '나'라고 지칭하며 단순히 어른들이 붙여준 명칭을 그대로 따라하지만은 않는 하나의 성장의 계기와 동시에 나타나기 때문이다. 이러한 형태는 자신을 일종의 벽으로 에워싼 반항기의

아이를 나타낸다. 그래서 이 시기 아이에게는 '바깥'과 '원으로 둘러쳐진 안'이 생겨나는 것이다. 경계가 생기는 형태는 서투르게 선들을 긁적이는 것으로 표현되는 단계, 즉 유아가 세상 전체에 무의식적으로 몰두하는 단계와는 일정한 대조를 이룬다.

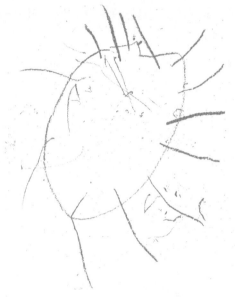

[그림 9]

그림 9에서는 둥근 형태를 이루는 경계선 주위를 빙 둘러서 많은 가지가 뻗어 나와 그 경계선을 뚫고 있는 양상을 볼 수 있다. 이렇게 더듬이처럼 뻗어 나온 것들을 가지고 아이는 세상을 만져 보고 체험한다. 이렇게 해서 탄생하는 것이 바로 '머리-발 그림'이다. 그림에서는 머리가 마치 무중력 상태에 있는 것처럼

보인다. 그렇지만 형태 자체는 완벽한 원이 아니다. 원의 위쪽 부분을 보면 옴폭 들어가 있는 곳이 있다. 이것은 우주와의 연결이 여전히 지속되고 있음을 나타내는 표지이다. 또한 신생아 시기에도 태내에서와 마찬가지로 머리 부분이 압도적인 위치를 차지한다. 이 그림은 나름의 독특한 언어로 젖먹이였을 때의 상태를 반영하고 있다.

[그림 10]

그림 10의 둥근 형태는 움직이는 상태를 나타내고 있는 듯이 보인다. 기다랗게 철사처럼 삐져나온 '가지들'이 흡사 회전하는 바퀴처럼 전부 같은 방향으로 쏠려 있는 데서 그러한 점을

분명하게 간파할 수 있다. 이 '가지들'은 다리 같은 것으로 변화 된 상태이다. 이로 말미암아 '머리-발 그림'의 성격이 보다 강해졌다. 둥근 형태에서 가지처럼 뻗어 나온 것들은 아이의 다리나 감각들처럼 바깥을 향해 있다. 다리나 감각 모두 아이를 세상과 결합시키는 통로이다. 그밖에 다른 특성이 또 나타나는데, 이것은 아주 의미심장하다. 즉 맨 위쪽에 보이는 뾰족하게 나온 아주 작은 꼭지 같은 것이다. 이 부분이 뾰족 나온 것은 이곳이 원이 완결되는 지점이기 때문이 절대 아니다. 이점을 명심하라! 원을 그릴 때의 두 끝점은 이 그림에서 보이는 대로 되레 왼쪽 부분에서 서로 만나고 있다. 나중에 다시 살펴보겠지만, 머리 제일 윗부분은 아이들 그림에서 흔히 나타나는 표지이다. 이러한 요소가 표현하는 내용에 대해서는 아래에서 좀 더 상세히 논의해 보겠다.

아이가 팔을 뻗고 있다. 이 모양새는 그림에서 흡사 머리에서 뻗어 나온 감각의 가지들처럼 보인다. 아이는 그것으로 세상을 만진다.

오래전부터 바위에 새겨진 빙하기 원시부족의 그림과 오늘날의 아이들 그림 사이에는 일정한 유사성이 있다고 생각했다. 그래서 오늘날에도 만나 볼 수 있는 다른 원시부족인 오스트레일리아의 원주민들과 그들의 장식물을 촬영한 비디오를 보면서 연구해 보았다.

[그림 11]

원주민들의 장식물들
(기억을 되살려 재현한 것임)

이 원주민들의 그림에서 처음으로 발견한 것은 원 안에 그려진 십자 형태였다. 이 형태는 원 안에 점을 그리는 것과 똑같은 일종의 자아 표지이다.(138쪽, 그림 46과 비교) 또 다른 장식품 하나가 유독 눈길을 끌며 마음을 사로잡았다. 안에 둥근 원이 들어 있는 둥근 머리 형태의 장식물이었다. 바깥 원의 한 곳에서 삐져나온 여러 가락의 선은 약간씩 휘어져 그 끝이 하나하나 매듭지어 있었다.

이 장식품에서 볼 수 있는 두 개의 원도 역시 자아의 표지라고 추정했다. 그런데 한가운데 점이 없는것이 이상하게 생각되었다.

그러던 어느 날 문득 이 두 원이 선으로 되어 있지 않고 작은 점들로 이루어져 있다는 사실을 알게 되었다. 그래서 한 명의 수장을 최고 지도자로 삼고 살아가는 집단 공동체 단계의 사람들에게는 이것이 바로 자아를 나타내는 표지라는 사실을 인식하게 되었다. 사람들은 수장과 하나를 이루며, 그러한 관계는 부족의 전통과 의식들을 통해 유지된다. 부족 자체가 붕괴되지 않는 한 이러한 일체의 관계를 깨뜨리는 일은 불가능하다. 부족 구성원 각각이 겪는 개별의 자아 체험은 부족 공동체가 없이 살아가는 사람들의 개별적인 자아 체험과 같을 수 없다. 부족 공동체의 성원들은 집단 영혼이라고 부르는 요소를 아직도 어느 정도 자기 안에 가지고 있다. 이렇게 보면, 개별 인간의 자아 체험을 나타내는 점이 중앙에 없다는 사실이 십분 이해가 된다. 안쪽 원은 부족의 성원 모두가 가지고 있는 공동의 자아이며, 그래서 그것은 하나의 선으로 이루어져 있지 않고 수많은 점으로 이루어져 있는 것이다. 하여 이때 바깥쪽 원은 부족의 구성원들이 공동으로 직면하고 있는 자연 및 정신들의 다채로운 세계라고 볼 수 있을 것이다.

아이들 그림과 닮은 점이 또 있다. 원에서 길게 가지처럼 보이는 것들이 뻗어 나와 있고 그 끝 부분이 휘감아 묶은 매듭으로 처리되어 있다는 점이다. 이 '가지'들은 그 사람들이 자신의 감각들을 통해 받아들인 인상들에 크게 의존하며 살고 있는 것으로 보인다. 어린 유아의 삶 역시 감각적 인상들에 대한 의존도가 매우 높다.

이들 원주민 중에는 자신을 현대 문명권의 세 살 정도 아이처럼 표현하는 사람들도 좀 있다. 이는 그 부족의 구성원들이(그 부족 자체가 현대 문명권의 사람들과 조우하는 기회가 없으면)일종의 꿈꾸는 상태, 다시 말해서 자연 및 정신 세계와 합일된 상태에서 삶을 살아가고 있는 데 기인한다. 세 살 가량의 아이에게서 엿보이는 상태도 이와 같다.

반면에 원 안에 십자 형태로 그려진 자아의 표지는 육신의 강렬한 의지 요소에서 비롯된 것으로 '나무-인간 그림'에 역시 표현되었다. 이러한 형태의 자아 표지는 개별 인간의 육체적 힘에 대한 표현으로, 원시 부족의 구성원들도 개별적으로 이 힘을 체험한 것으로 보인다. 그렇기 때문에 이러한 형태의 자아 표지는 부족 공동체에 포함되어 있지 않은 사람의 자아 표지와 흡사한 모양새를 보인다.

이에 비해 머리 형태를 출발점으로 해서 전개되는 자아 표지는(한 마디로 의식이 정주하고 있는 신체의 부위로부터) 개별 인간이 주위의 인간들로부터 그 영혼이 분리되었음을 알리는 표현이다.(23쪽, '반항기와 그림을 그리려는 욕구' 참조) 원시인은 이와 같은 영혼의 분리 고립을 겪지 않았다. 원시인들은 공동체와 하나였고, 그랬기 때문에 자기 영혼이 공동체에 속해 있음을 내부 원의 형태로, 하나하나 떨어져 있는 많은 점으로 표현한 것이다.

[그림 12]

아이들 그림에 대해 집중적으로 탐색하다보면, 도처에 원형적 형태, 예컨대 새 떼나 구름의 움직임 같은 형태들이 많이 있음을 깨닫게 된다. 그렇지만 가장 크게 놀란 것은, 이웃에 살던 여섯 살짜리 여자아이 솔베이그가 자신이 북해에서 가지고 온 돌을 보여 주었을 때였다. 믿을 수가 없었다. 의심할 나위 없이 그것은 '머리-발 그림'이 아닌가. 그것은 그림으로 그려진 것이 아니라 아득한 옛날 돌에 새겨진 것이었다. 비교를 위해 세 살짜리 아이의 그림을 나란히 놓아 보았다.(그림 12참조)

공간의 정복

아이는 이제 그림 10에서와 같은, 공중에서 부유하는 상태를 차츰 벗어나 지상의 삶 쪽으로 이끌린다. 자신의 힘으로 땅을 딛고 곧추서야 할 때가 된 것이다. 그러면 이제 위와 아래, 오른쪽과 왼쪽이 생긴다. 그림에서 아이는 가지들을 아래쪽과 옆쪽으로 보내어 점진적으로 공간 안에서 방향을 잡아 나간다.

이러한 상태는 공간상의 방향이라고는 전혀 없었던 최초의 긁적이는 선 그림의 양상과는 두드러진 차이를 보인다. 땅으로 향하는 도정에 있는 것이다.

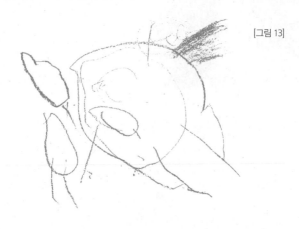

[그림 13]

　그림 13에서 거대한 머리는 예전과 마찬가지로 여전히 공중에 떠 있는 상태이며, 잠자기를 간절히 바라는 것처럼 보인다. 그러나 머리는 자신의 첫 가지들을 뻗는다. 그림에서는 머리 오른쪽 아래에서 나온 두 가닥의 선이 비스듬히 아래 공간을 향해 내려가는 것으로 표현되고 있다. 그 위쪽으로 작은 두 개이 선이 머리에서 나와 오른쪽과 왼쪽으로 뻗어 있는 것을 확인할 수 있다. 세 개의 둥근 머리 형태 모두 몸을 수직으로 세우기 위한 쟁투가 벌어지고, 왼쪽 하단에 있는 머리 형태가 제일 먼저 수직으로 선다. 이 그림에서도 역시 각각의 머리 형태들 윗부분에

오목하게 들어간 곳이 보인다. 이 부분은 바로 생명력이 우주 공간으로부터 아이 안으로 흘러드는 곳이다.

이러한 힘은 첫 3년간 아이의 머리를 형성하는 데 집중적으로 작용하고, 다음 단계에 그 일부가 머리 부분에서 벗어나게 된다. 이로써 아이는 둥근 형태를 그릴 수 있는 것이다. 그림 9(79쪽)를 그린 아이는 이 단계에 이미 도달했다. 그림 13에서 둥근 형태는 머리의 내부, 외부에서 반복되어 나타난다. 이렇게 형태들이 리드미컬하게 반복해서 나타나는 것은, 아이의 생명력이 무엇보다도 리드미컬한 기관들, 즉 폐와 심장에 집중적으로 작용하고 있다는 표시이다. 거의 모양새가 비슷한 형태들을 여러 개 반복해서 그린다는 것은 그러한 단계를 그대로 말해주는 반영상이다. 심장의 박동이나 호흡 같은 리드미컬하게 끊임없이 반복되는 현상이 이러한 그림에서 드러나는 것이다.

그림 13의 머리 형태는 머리 부분과 평행을 이루는 또 다른 선으로 에워싸여 있다. 지구의 거주자가 되기 위해서 아이는 우주 세계에서 떨어져 나와야만 했고, 이 선은 그것을 표현한 것이다. 하지만 이 외곽의 선에도 뾰족 튀어나온 부분이 있어서, 이 부분을 통해 생명력과의 연결을 유지할 수 있다. 의지의 요소 속에서 자아가 표시되는 부분은 아직도 여전히 오른쪽의 귀 아래, 원래의 머리 형태 바깥에 있다. 아이는 아직 지상에 도착하지 못한 상태이며, 이러한 사실은 그림에서 보이는 부유의 성격에서도 알아볼 수 있다.

[그림 14]

그림 14에서 가장 두드러지게 눈에 띄는 점은 얼굴 한가운데에 시커멓고 진하게 자아를 표시했다는 것이다. 반항기의 아이는 자기 자신의 존재를 포착하고는 "나 여기 있어!"라고 외친다. 머리에서 선들이 종이 가장자리를 향해 치닫고 있다. 이 그림에서 역시 두개골 중앙에 옴폭 들어간 곳이 보인다. 이곳은 바로 생명력이 흘러들어 오는 부분이다. 여전히 머리가 그림 전체를 압도하고 있다. 기다란 선들은 땅을 향해 아래 방향으로 달려가거나, 하늘을 향해 위로 치닫는다. 수평 방향의 가는 선 두 개에는 좌우 방향이 암시되어 있다.

[그림 15]

그림 15는 한 걸음 더 나아갔다. 이제는 땅으로 가는 방향이 더욱 강해진 상태이다. 이 그림에서는 더 이상 부유하는 요소는 없다. 두 다리는 수직 방향으로 아래를 향해 서 있으며, 종이의 가장자리에 닿아 있다. 머리 위의 파란 색 선들은 정신세계로부터 분리되었음을 나타낸다. 다리 주위로는 의지의 요소, 즉 지상의 요소가 넓게 퍼져 있다. 또 좌우 방향이 강조되어 있다. 머리 양옆에 비죽 나와 있는 것은 팔이고, 그 끝에는 손가락도 있다는 점은 의심의 여지가 없다. 두 눈과 코에서 둥근 형태가 다시 반복되어 나타나고, 입이 결정적인 자리를 차지했다. 그러나

아직 우주의 빛이 아이를 떠난 것은 아니다. 노랑 색조에서 그러한 사실을 볼 수 있다.

생명력의 유입

머리 위쪽에 옴폭 들어간 곳이 있는 많은 그림을 보면, 생명력이 유입되는 현상이 일반적으로 예상하는 것보다 훨씬 광범위하게 나타난다는 사실을 알 수 있다. 아이들 그림을 다룬 책들 가운데 이 측면을 다룬 책은 지금까지 없었다. 그렇다고 해서 아이가 태어나서 첫 7년 사이에 그 아이의 몸 안으로 흘러들어 와 몸의 성장을 가져오는 힘들이 아이를 에워싸고 있다는 점을 애초부터 있을 수 없는 일로 가정해서는 안 될 것이다.

오늘날 많은 사람이 지상에 무게로 달고 길이로 잴 수 있는 것 이상의 것이 존재한다는 점을 파악하고 있다. 그러지 않아도 인간의 삶, 그 삶 안에 있는 예술과 사랑, 다채로운 동경 따위를 삶에 대한 순수 유물론적인 관점으로는 포착할 수 없었다.

아이에게 흘러들어 와 아이의 신체 기관들을 만드는, 실재하지만 보이지는 않는 생명력이 정말로 있다는 생각이 영 낯선 사람은 이렇게 자문해 보면 될 것 같다. 태양은 어떠한가? 그 빛도 안 보이지 않는가! 우리는 태양의 빛을 보지는 못한다. 다만 태양이 비추는 사물들을 볼 따름이다. 아무런 빛도 받지 못하는 우주 공간은 항상 어두운 밤이다. 이것은 천문학자들 모두가 입을 모아 보고한 그대로이다. 그럼에도 불구하고 이 보이지 않는 태양의 빛이 지상의 모든 생물들, 그 생물들의 지속적인 성장, 그 중에서도 특히 우리 내부에 있는 기관들의 기능에 없어서는 안 되는 전제 조건이다. 태양의 빛이 없다면 우리 인간은 생장을 멈출 것이다. 이후 일생 동안 다시는 찾아볼 수 없을 만큼 크게 성장하는 생의 첫 7년 동안 어느 아이나 그 아이만의 고유한 태양의 힘에 에워싸여 있다고 얼추 말할 수 있다.

루돌프 슈타이너는 외부로부터 아이에게로 흘러들어 오는 우주적인 힘들에 대해 언급한 바 있다.* 아이는 출생하는 순간 이미 모든 기관들이 다 갖추어져 있고, 신체도 상당 수준의 성장 단계에 이르러 있다. 초감각적인 우주의 힘들은 출생 후 분만 전에 형성된 것 안으로 침투해 들어간다. 이러한 과정을 통해 우주의 힘들은 신체 기관들을 더 차원 높은 형태로, 즉 정신이 불어넣어진 형태로 변화시킨다. 이러한 힘들은 인간이 다시 새로운 육신을 얻기 위한 마지막 발걸음을 떼어놓기 직전에 성장을 이루었던 우주의 일정한 지대에서 발원한다. 이 힘들은 머리를 거쳐서 몸 안으로 들어온다. 요컨대 머리는 모양새 (Gestalt)나 형태(Form)로 보아 우주와 내적으로 연관되어 있는 기관인 것이다. 생애 첫 7년 동안 머리가 그토록 중요한 것도

---

* 인간 안에 있는 대우주와 소우주의 상응Entsprechung zwischen Mikrokosmos und Makrokosmos Der Mensch>(GA201)_루돌프 슈타이너, 도르나흐,1987 참조

모두 이 때문이다. 그도 그럴 것이 우주적-초감각적 상태에서 유출된 우주의 힘들은 머리를 통해 아이의 몸 안을 비춘다. 그 힘의 유입은 아이가 자는 밤 동안에 일어난다.

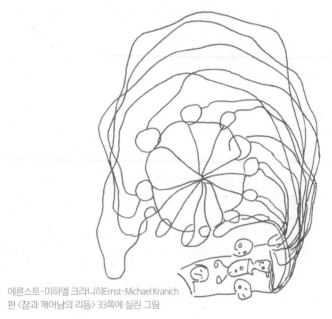

에른스트-미하엘 크라니히Ernst-Michael Kranich
편 〈잠과 깨어남의 리듬〉 33쪽에 실린 그림

아이들이 밤에 일어나는 이러한 일들 가운데 몇 가지를 낮의 깨어 있는 의식 안으로 가지고 들어오는 경우도 가끔 있다. 예컨대 밤의 일들이 한 아이가 침대에 누워 있는 위의 그림으로 표출되기도 한다. 그 위로는 12부분으로 된 원이 하나 있다. 단순한 선으로 표현된 12개의 빛줄기가 이 원에서 나와 잠자고 있는 아이의 머리를 향해 간다.*

　이러한 그림은 아이가 성장의 와중에 있는 자신의 몸과 우주(여기서는 특히 동물의 권역)가 서로 연결되어 있다는 단서들을 직접 체험했음을 보여 준다. 외부로부터 오는 긴 선들은 하나의 중심을 향해 가려는 경향을 보이는데, 이러한 모티브는 아이들 그림에서 다양하게 변주되어 나타난다.

생명력은 아이가 잠을 자는 밤 동안에 들어온다.

　* 〈아동, 청소년기 잠과 깨어남의 변화 : 에른스트 미하엘 크라니히 편 잠과 깨어남의 리듬. 아동, 청소년기 잠과 깨어남의 리듬의 의미Siehe dazu auch Ernst-Michael Kranich, Die Veränderungen von Wachen und Schlafen im Kinder- und Jugendalter, in: Ernst-Michael Kranich (Hrsg.), Der Rhythmus von Wachen und Schlafen. Seine Bedeutung im Kindes- und Jugendalter〉_슈투트가르트, 에른스트 미하엘 크라니히,1992, 33쪽 참조

[그림 16]

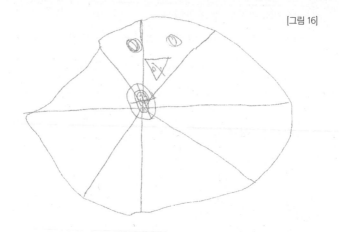

그림 16에서 아이는 안으로 흘러들어 오는 선들의 중심에 있다. 중심에는 두 눈과 입이 있는 얼굴이 보인다. 자아의 표지인 십자 형태는 아이의 얼굴의 경계를 넘어서서 큰 원 안에 그려 넣어졌다. 이것은 바로 아이 자신이 유입되고 있는 힘의 중심에 있음을 스스로 알고 있다는 암시이다.

다음에 나오는 그림 17에서도 빛줄기의 수는 12개가 아닌 14개이지만, 유입되고 있는 힘들은 또렷하게 보인다. 빛줄기가 흘러들고 있는 중심에는 푸른색의 어둡고 작은 형태가 있고, 이 형태는 다시 노란색으로 된 형태로 에워싸여 있다. 이 두 형상은 모두 전형적인 머리 모양으로, 상단 이마 쪽으로는 좀 넓고 턱 쪽으로는 뾰족해지는 흐름을 보인다.

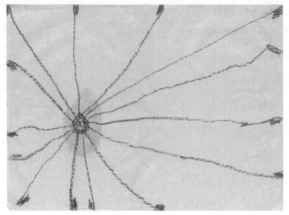

[그림 17]

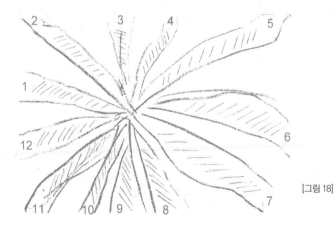

[그림 18]

그림 18에서 나타나는 일련의 혼란스러운 선들은 중심으로 향하는 흐름을 보이고 있는데, 처음에는 이러한 뒤얽힌 선들이 무엇을 의미하는지 해석할 수가 없었다. 그러나 곧 선들이 한 쌍씩 짝을 이루고 있음을 알아차렸다. 그렇게 한 쌍씩 세었을 때 선들의 짝은 모두 12개였다. 만약 이러한 선의 쌍들이 12 궁도(황도대)에서 흘러들어 오는 양상을 표현한 것이라면, 하나하나의 흐름을 하나의 선이 아니라 두 개의 선으로 묘사하지 않았을까……. 나는 선들의 쌍 하나하나가 분명하게 드러나도록 하기 위해 빗금을 그어 보았다.

다음 그림 19는 생명력의 유입 현상이라는 문제를 두고 수년 전부터 관심을 가지고 보아 온 그림이다. 종이 가장자리로를 향해 뻗어 올라간 맨 위의 선들은 꼿꼿하고 팽팽한 직선을 이루고 있어서, 도저히 머리카락으로는 보이지 않는다. 또 머리 위 부분에 옴폭 들어간 부분도 원의 형태를 마무리하느라 생긴 것과는 관계가 없다. 원을 마무리한 부분은 오른 쪽 아래에 있다. 그렇다면 도대체 이 그림의 이러한 요소들은 무엇을 의미하는 것일까?

[그림 19]

이 의문을 풀지 못한 채 전전긍긍하고 있을 때 마침 발도르프 학교 교사인 클라라 하터만을 알게 되었고, 그녀와의 만남은 이 의문을 푸는데 도움이 되었다. 하터만은 수 년 전부터 아이들 그림을 연구하고 있었는데, 아이들이 이따금 자기 자신의 신체 기관들을 그린다는 가정이 그녀 연구의 출발점이었다. 그녀는 나름대로 뇌의 윤곽과 닮았다고 판단되는 그림 한 점을 보여 주었다. 더욱이 뇌를 조금 단순화시켜 그리면 정말 그렇게 보인다는 사실을 그녀는 한 의사에게서 확인까지 했던 터였다. 출생 후 첫 7년 동안 일어나는 에테르적 생명력의 작용과 그 생명력이 기억력과 상상력으로 변화하는 것에 관한 루돌프 슈타이너의 여러 강의에 그녀는 각별한 관심을 기울였다. 그녀는 1960년대부터 아이들 그림을 관찰하고 연구해 왔는데, 아이들 그림의 발달 양상과 이러한 생명력의 변화가 정확하게 맞아 떨어진다는 인상을 받았다. 이렇게 이 주제에 관한 슈타이너의 강의들을 알게 되었고, 슈타이너가 인식한 내용과 아이들 그림의 발달 양상 사이의 연관성을 점차 파악하게 되었다. 그 그림을 그린 아이가 뇌의 윤곽을 그릴 수 있었던 것은, 다름 아니라 생명력이 아이의 첫 3년 동안 머리 부분을 형성하는 작업을 완료한 뒤, 뇌의 형태를 자체에 흡수했기 때문이다.

그림 19에서도 역시 옴폭 들어간 부분은 뇌의 좌반구와 우반구가 맞닿아 있는 곳에 있다. 다음의 스케치에서 볼 수 있듯이, 실제 인간의 뇌에서도 바로 이 지점에 약간 들어간 부분이 있다.

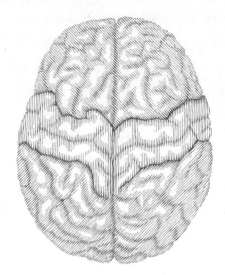

인간의 뇌. 뇌의 양 반구가
만나는 지점에 약간 들어간
부분이 나타난다. 이러한
현상을 아이들 그림에서도
흔히 볼 수 있다(로타르
포겔의 〈세 부분으로 구성된
인간〉에서 인용**

　뇌를 보호하는 양쪽 두개골 사이에 있는 이 숫구멍은 아이
생의 첫 1년간은 아직 덜 성장한 상태여서 맞물려 있지 않기
때문에, 두개골의 중앙은 각별히 예민한 부분이다. 이 숫구멍을
통해 아이는 우주 세계로 향한 문을 아직 열고 있는 것이다.

　그렇다고 해서 모든 아이가 다 머리에서 보이는 이러한
현상들을 그림으로 그리는 것은 아니다. 그렇지만 개중에는 이
유입 현상에 대해 아주 예민하게 반응하는 아이들도 더러 있으며,

---

　　* 〈세 부분으로 구성된 인간. 일반 인간학의 형태학적 기초Der dreigliedrige
　　　Mensch. Morphologische Grundlagen einer allgemeine Menschenkunde〉_
　　　로타르 포겔Lothar Vogel, 도르나흐, 1992

그러한 아이들의 그림에서는 이 현상이 그대로 표출된다. 그림 19
에서 보면 왼편 위쪽에 있는 작은 머리 형태에서도 이처럼 들어가
있는 부분을 확인할 수 있다. 아이들 그림을 해석하는 글에서
흔히 주장하듯, 이러한 선들이 아이의 머리카락을 묘사한 것이
아니라는 결론이 여기서도 밝혀진다.

또 4-5세 아이들의 그림에서는 머리에 비해 몸이 더 커지는
것을 볼 수 있다. 이러한 양상도 아이의 신체와 조응한 것이다.
즉 아이의 몸은 특히 첫 7년의 중간 지점인 3-5세 사이에 크게
성장한다.

[그림 20]

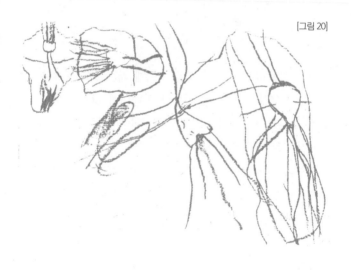

그림 20에서 세 살짜리 아이는 우리가 말한 것과 동일한,

생명력의 유입을 보여 주고 있다. 네 개의 머리를 이 그림에서 확인할 수 있는데, 이 머리들은 각각 세 방향을 향하고 있다. 머리가 아래쪽을 향해 있는지(중앙 부분), 옆을 향해 있는지(왼쪽 위), 또는 위쪽을 향해 있는지(맨 위 왼쪽과 맨 오른쪽)에 상관없이 모든 머리의 윗부분에서 생명력의 유입 현상을 확인할 수 있다. 또한 윗부분이 평평하게 그려져 있는 다른 것에 반해, 중간에 있는 머리는 이전에 실린 그림에서처럼 머리의 가운데 부분이 옴폭 들어가 있는 현상이 뚜렷하게 보인다.

신체와 리듬

세 살이 지나면 생명력은 차츰 리드미컬한 신체 기관들, 즉 폐와 심장이 자리를 잡고 있는 신체 부위로 집중되어 간다. 동일한 뼈대 모양이 다수 반복, 중첩되어 있는 이 신체 부위는 흉곽과 척추의 뼈들로 에워싸여 있다.

생명력이 머리 형성 작업에서 많이 놓여날수록, 그림의 성격도 많이 변한다. 이즈음에 머리 아래에 몸통이 나타난다. 처음에 몸통은 보통 아주 작지만, 곧 머리 크기만 해지고, 급기야 압도적인 부분을 차지하게 된다. 이러한 그림에서 볼 수 있는 신체 획득 과정을 통해 아이는 서서히 몸을 일으켜 혼자 힘으로 앉을 수 있게 된 시기를 다시 한 번 체험하는 것이다.

이 시기 그림들은 이제 폐를 찍어 낸 것 같은 형태들과 리드미컬한 심박동을 묘사한 형상들로 가득하다. 아이는 자기 내부에 가지고 있는 형태들, 즉 둥근 것, 선회하는 것, 기다란 것, 선형의 것 등등의 형태를 겹치고 셀 수 없으리만치 다양하게 조합한다. '흉곽'과 '척추'는 뼈대만 드러나는 고정된 요소로서 선으로 그려지고, 이 선들이 합쳐져서 사각 모양을 이루고, 척추나 갈빗대와 비슷해지는 경우도 많다. '폐'와 '심장' 자체는 나선형의 둥글고 움직이는 듯한 형태로 나타난다.

[그림 21]

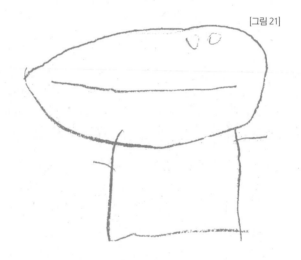

그림 21을 보면서 우리는 몸통의 탄생을 같이 겪는다. 이 그림이 그려질 당시 나는 그림을 그리는 아이 곁에 앉아 있으면서 색연필을 정리하는 일에 집중하고 있었다. 처음에 커다란 머리 형태가 그려지고, 작은 둥근 형태의 두 눈과 거대한 입, 두 가닥의

선으로 된 다리가 차례대로 그려졌다. 흔히 볼 수 있는 형태인 '머리-발 그림'이라고 단정 지었다.

그런데 그 순간 갑자기 두 다리 사이가 재빠르게 휙 긋는 선으로 연결되었다. 거의 부지불식간에 그어진 선이었다. 이렇게 해서 변화가 일어났다. 몸통이 탄생하고 이제 두 다리는 새로 탄생한 몸통에 자리를 내주었던 것이다. 그리고 몸통에 작은 팔 두 개가 놓여졌다. 이렇게 아이는 머리 형태에서 나온 간단한 가로선 하나로 자기 몸의 중간 부분으로 슬쩍 넘어갔다. 비록 아직 다리는 없지만, 이때부터 아이는계속해서 몸통을 그렸다.

아이들이 그림을 통해 자기 자신을 어떻게 묘사하는지(아마도 이러한 사실을 의식하지는 않겠지만)를 정밀하게 제시하기 위해 이 그림의 입을 실제로 지면 전체를 꽉 채우고 있는 그림 15(89쪽)의 입과 비교해 보자. 이 두 그림의 경우 모두 입은 크고 재빠른 동작의 선으로 그려져서 그 모양새가 확실하고 견고해 보인다. 두 아이 모두 입이 어떤 모양이 되어야 할지를 '알고 있었던' 것이다.

그러나 입을 표현하는 휜 곡선이 불과 몇 밀리미터만 차이가 나도 그 표현력은 심히 달라진다. 그림 15의 입은 약간 아래쪽으로 향한 모습을 보이고 있다. 그래서 강하고 거의 반항적으로까지 보인다. 그림 21의 입 역시 크지만, 양 입 끝이 위쪽으로 살짝 올라가 있다. 그래서 이 그림의 얼굴은 미소 짓는 표정이 되는데, 이러한 표정은 나이가 좀 더 든 아이에게서 특징적으로 나타난다.

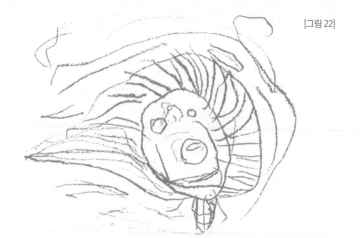

[그림 22]

그림 22를 보면, 머리 주위로 리드미컬하게 흐르는 생명력들이 아주 인상적이다. 머리는 마치 거대한 귀처럼 보이고, 열려 있는 감각을 내뻗치고 있다. 몸통은 어설픈 선들로 작게 그려져 있다. 이는 리듬과 관련된 기관들이 만들어지고 있음을 말해 준다. 그러나 머리 부분이 지면 전체를 꽉 채우고 있는 것을 보면 여전히 머리가 가장 중요한 역할을 하고 있음을 알 수 있다. 모든 감각이 활짝 열려 있다. 이것은 감각적 존재인 어린아이가 자기 주변의 환경을 어떻게 체험하는지를 그림을 통해 보여 주는 부분이다.

[그림 23]

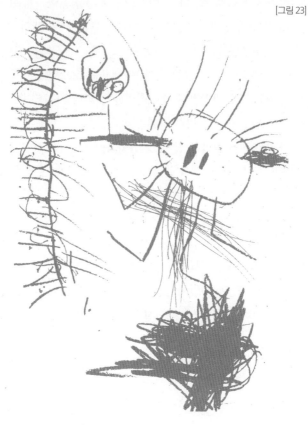

그림 23의 중앙에 위치한 다리와 발, 그리고 팔이 달린 일종의 '머리-발 그림'이 보인다. 머리 아래에 몸통이 있지 않고, 대신 선들이 있는데, 이 선들은 화면의 오른쪽 아래 부분에 강렬하게

그려진 의지의 형태, 즉 '나무-인간'으로 시선을 옮아가게 한다. 요컨대 이 그림에 그려진 인간의 형태는 근원적인 두 개의 요소 모두에서 파생된 것이다.

그림 왼편의 리드미컬한 형태는 새로운 요소인데, 이것은 신경 줄기와 척추 원반까지 있는 척추를 연상케 한다. 이 부분의 특징은 동일한 형태가 여러 차례 반복되어 나타난다는 점이다. 이러한 반복적인 현상은 갓 다섯 살이 된 이 아이의 가슴 부위 (여기에 척추도 있다)에서 생명력의 작업이 거의 완결되었다는 사실을 표현해 준다. 그렇기 때문에 아이는 이제 척추를 그릴 수 있게 된 것이다. 머리 윗부분에도 역시 위로 치닫는 선들이 보이는데, 이 선들은 머리에서 나온 모습이 선명하다. '머리-발 그림'과 리드미컬한 척추 중간에 태아 비슷한 형태가 보인다. 이것은 아이가 모태 안에 있던 시기에 대한 '기억'을 가지고 있음을 시사해 준다.(다음 페이지의 도판 참조)

인간의 척추.(로타르 포겔의 〈세 부분으로
구성된 인간〉에서 인용) 그림 23에서는
척추뼈와 척추 원반, 축의 리드미컬한 반복
형태들과 심지어 척추 윗부분의 활처럼 휜
모양까지 볼 수 있다.

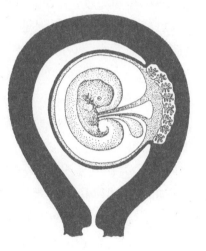

커다란 머리 형태와 작은 몸통의 태아도 그림 23의
형상과 같은 구부러진 모양새를 하고 있다.

몸은 살아 움직이는 기관들과 고정되어 있는 죽은 뼈대로 이루어져 있다. 모름지기 아이는 이 양 영역과 모두 결합되어야 한다. 건강한 어른이라면 자신의 몸이 있는 것을 문제로 느끼지 않는다. 왜냐하면 건강한 어른은 이미 자신의 신체에 대한 통제력을 갖고 있기 때문이다. 통증이 느껴질 경우 자기 몸에 대한 부담도 어느 정도 느낀다. 이에 비해 아직 육체의 실존에 익숙하지 않은 아이에게는 우선 육체에 도달하는 것 자체가 힘겹다. 일반적으로 아이의 의식은 제한적이기 때문에 이러한 과정에 대해 아무것도 느끼지 못한다. 만약 아이가 이러한 과정을 의식하고 체험한다면 그것은 그야말로 충격적인 비극이 아닐 수 없다. 이러한 아이는 자신의 신체를 매우 의식적으로 겪고 있는 것이다.

루돌프 슈타이너의 지적대로 초기 유아기의 체험, 즉 온갖 근육과 뼈와 연결되는 체험에서 아이가 출생 이전의 의식을 아직도 간직하고 있다면, 아이에게는 제대로 된 지난한 고통이 아닐 수 없을 것이다.＊ 그러나 다행스럽게도 아이는 초기 유아기에 꿈꾸는 의식 속에서 살아가기 때문에, 그러한 체험을 하지 않도록 미리 준비되어 있다. 지적 요소를 자꾸 강요함으로써

＊ 〈인간 본질을 짚는 교육 예술Die Kunst des Erziehens aus dem Erfassen der Menschenwesenheit〉(GA 311)_제 1강연, 루돌프 슈타이너, 도르나흐, 1989

이런 의식을 흔들어 깨우는 경우가 있는데, 이것은 다름 아니라 바로 이러한 이유 때문에 절대 금물이다. 그럴 경우 아이는 자신의 신체에 대한 의식이 너무 일찍 깨어나 육화 과정의 고통을 그대로 겪게 된다. 이러한 아이는 고통에 대해 과민하고 예민해져서 다른 아이들보다 쉽게 질병에 걸린다.

두 가지 예를 통해 의식의 힘과 생명력 사이의 관계를 분명하게 설명해 보도록 하자.

옛 현자들은, 어린 시절 천재성을 나타내는 사람은 일찍 죽는다고 하였다. 남다르게 뛰어난 재능을 지닌 사람들이 일찍부터 펼쳐 보이는 너무 강한 의식의 힘들은 양호하고 건강한 상태를 유지하도록 돌봐 주는 생명력을 공격하고, 마침내는 물리적인 몸을 파괴한다는 사실이 여기서 드러난다.

러시아의 경험적 사례도 이러한 사실을 그대로 보여 준다. 일곱 살부터 시작되는 러시아의 유치원 및 학교 체제는 미국과의 심각한 지적 경쟁에 아주 심하게 무방비 상태로 노출되어 있다. 우리의 연수에 참가했던 러시아 사람들은 러시아에서 아이들이 잦은 병치레를 한다는 사실을 확인하고는 번번이 놀라곤 했다. 그리고 아이들의 지적 능력에 대한 심한 압박이 육체적인 힘을 약화시키는 원인일 수 있음을 이들 스스로 인정했다.

무릇 아이들 그림은 아이의 잠재 의식의 층에서 일어나고 있는 것을 그대로 드러내 준다. 이 말은 그러므로 아이들의 그림을 대하는 법을 배우는 것이 가능하다는 얘기이다. 이때

꼭 염두에 두어야 할 것은, 아이에게서 엿볼 수 있는 갇혀 있는 느낌이 아이가 깨어 있는 상태에서 자기 몸으로 인해 느끼는 즐거움에 아무런 영향을 주지 않는다는 사실이다. 어른들도 자기 자신이 태어날 때 겪은 고통을 매일같이 가슴에 품고 살아가는 것은 아니지 않은가. 출생의 시점으로 되돌아올 때만이, 즉 흔히 말하는 '퇴행'을 겪을 때만이 심층에 도달할 수 있으며, 아직도 신체 기관들에 자리 잡고 있는 고통을 체험할 수 있는 것이다.

[그림 24]

그림 24에서 아이는 자신이 사각의 형태 안에 있다고 느끼고 있다. 뼈대 모양은 왼편의 키가 큰 척추의 형상으로 표출되고 있고, 생명의 유기적 요소는 굴뚝으로부터 휘돌아 나오는 둥근

나선들로 표출되고 있다. 이 그림을 그린 아이는 어쩌면 나무 한 그루와 연기가 피어오르는 굴뚝을 그린 것이라고 설명할지도 모른다. 그러나 사실 이 그림에서 아이는 뼈와 기관들로 들어가는 도정에 있는 자기 자신을 그리고 있다. 아이는 척추의 곧추서는 힘과 기관들의 운동성을 체험하고 있는 것이다. 이제 몸이 머리에 대한 주도권을 넘겨받아 머리는 점진적으로 작아진 상태이고, 또 이 그림에는 아예 없지만 다리에 대한 주도권도 넘겨받는 상태이다.

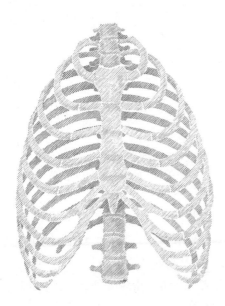

인간의 흉곽. 아이들 그림에서 격자 형태가 많이 등장하는데, 이 경우 직선이 압도적인 부분을 차지한다. 이러한 격자 형태들은 척추와 흉곽의 고정된 요소에 대한 표현이다. (로타르 포겔의 〈세 부분으로 구성된 인간〉 중 인용)

[그림 25]

그림 25에서는 두 가지 경향, 즉 직선과 나선의 요소가 뚜렷하게 구별되어 보인다. 이 그림에 그려진 형태들 안에 사람이 그려 있지는 않지만, 아이는 이 힘들 안에 살고 있다. 네 살 아이들에게서 특히 두드러지게 나타나는 격자 그림은 아주 일반적인 현상이다. 이러한 격자 문양의 그림은 아이가 자신이 신체로 향하는 도정에 있으며, 뼈대 구조가 건강하게 잘 발달하고 있다는 표현인 동시에, 또 아이 자신이 이따금 이러한 육체에 갇혀 있다는 느낌을 받는다는 표현이기도 하다.

[그림 26]

그림 26에서는 갇혀 있는 상태가 아주 강렬하게 표현되어 있다. 아이는 자신이 리드미컬한 선들 뒤에 조그만 사각 형태 안에 갇혀 있다고 느끼고 있다. 육체에 다다른다는 것은 아이에게는 출생 이전에 자유롭게 부유하던 상태를 포기해야 한다는 것을

의미한다. 이러한 변화의 가장 강렬한 표현이 바로 아이의 첫 울음 소리이다. 이것은 바로 폐에 공기가 채워지고 그리하여 아이가 이전 상태로부터 절연될 때 일어난다. 어느 아이에게나 출생은 일종의 충격이다. 그러나 이러한 체험은 희미해지게 마련이고, 4-5년이 지나서야 아이는 이러한 체험을 자신의 잠재 의식에서 다시금 건져 올려 종이 위에 앉힐 수 있게 되는 것이다.

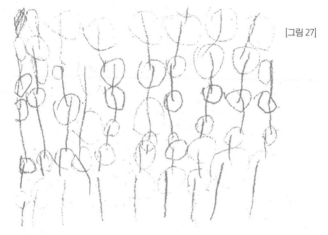

[그림 27]

리듬의 요소를 표현하는 형태는 무수히 많다. 그림 27에서 둥글고 기다란 형태들이 지면 전체에 고르게 퍼져 있다. 이는 흡사 숨쉬기가 계속 반복되는 것과 같다. 둥근 형태가 갖는 동적 요소와 기다란 선이 갖는 정적 요소가 합쳐져서 하나의 형상을 이룬다. 아주 작은 세부에 이르기까지 반복 현상은 되풀이된다. 즉 둥근 형태들은 원을 그리는 동작을 모두 왼쪽에서 시작하고 있으며, 선은 거의 전체적으로 중앙을 관통한다. 둥근 형태들은 움직이는 폐를, 또 선들은 흉골을 묘사한 것으로 볼 수 있다.

같은 모양의 형태가 이토록 많이 나오는 데 대해 놀라는 어른이 있다면, 그는 무엇보다도 하루와 1년의 반복되는 리듬이 아이에게 얼마나 중요한지를 잊고 있는 것이다. 이러한 점에 대한 고려는 리드미컬한 그림들에서도 마찬가지이다. 아이가 단순 반복적인 묘사 방법을 익혔기 때문에 이러한 그림들이 탄생하는 것은 결코 아니다. 아이들 그림을 다룬 다른 책에 나와 있듯이, 이러한 단순 반복적인 묘사 방법이 있다면 아이를 거기서 떼어 놓아야 할 것이다. 이러한 그림들은 그와는 정반대이다. 그림을 그리는 아이는 그야말로 부글부글 끓어오르는 자신의 열정을 보여 주는 것이다. 아이는 이러한 열정으로 어떤 대가를 치루더라도 지면 전체를 완전히 채우려고 할 것이다!

폐 형태의 그림

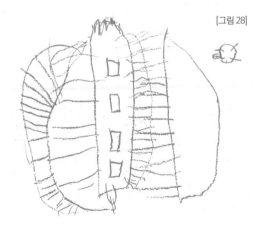

[그림 28]

그림 28과 29는 모두 수평 방향으로 리드미컬하게 뻗어나가는 반복의 형태를 보여 주고 있다. 이 그림들을 자세히 들여다본 사람이라면, 이 두 그림에서 폐의 형태가 또렷하게 있음을 발견할 것이다. 폐의 형태가 가장 명백하게 드러나는 것은 그림 28의 경우이다. 이 그림 중앙에는 심지어 흉골까지 그려져 있다. 반면 그림 29에서는 흉골은 보이지 않는다. 그 대신 이 그림이 중간에 있는 수직선으로 인해 두 부분으로 나뉘어졌다는 것에 먼저 주목해야 한다. 이 그림의 묘사에서는 폐의 살아 있는 운동성이 원형으로 배열되어 있는 15개의 둥근 형태들로 강조되어 있다. 두 그림 모두 왼편은 두 부분으로, 오른편은 세 부분으로 이루어져 있는데, 실제 사람도 그렇게 되어 있다. 한 마디로 아이의 그림은 자기 자신의 몸의 성질에 대한 모사라고 할 수 있다.

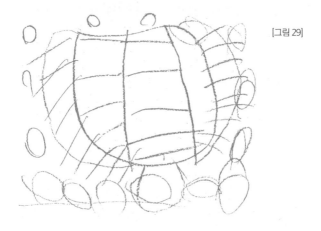

[그림 29]

볼프강 그뢰칭어는 아이로 하여금 양손을 동시에 써서 그림을 그리도록 시켰을 때 아이의 그림에서 폐의 기능이 가장 또렷하게 부각되어 나타난다는 사실을 알아냈다. 다섯 살 반 된 여자아이의 그림이 이러한 예의 하나이다.

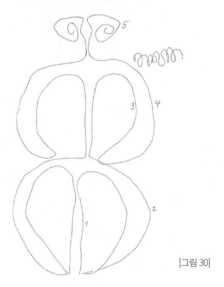

[그림 30]

이 그림에 붙인 해설을 보면 이러하다. "들이쉬고 내쉬기를 다섯 차례 하는 동안 형상이 아래쪽에서 위쪽으로 전개되며 유기적인 형태를 드러낸다. 그림의 아래 부분에서 들숨으로 호흡이 시작된다. 오른쪽 위의 글씨는 장난으로 쓴 것이다."

아이와 이러한 내용에 대해 이야기를 하는 것은 당연히 안

된다. 아이가 그리는 대상은 아이의 원래 상태인 꿈의 상태에 그대로 머물러 있어야 하기 때문이다.

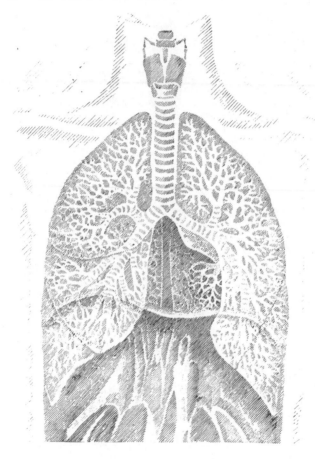

어른의 폐.(로타르 포겔의 〈세 부분으로 구성된 인간〉에서 인용) 앞에 수록한 그림들과는 반대로, 대상의 묘사가 거울에 비친 형태로 되어 있다. 다시 말해서 몸 오른쪽에 있는 것이 그림에서는 왼쪽에 그려져 있다.

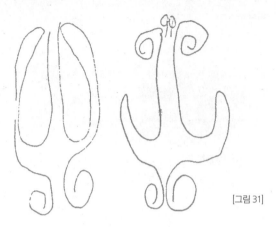

[그림 31]

그림 31은 볼프강 그뢰칭어의 책에 더 실려 있는 두 개의 폐 모양의 형태이다. 이 두 그림은 네 살 된 여자아이가 양손으로 그린 것이다. 비교를 위해 갈빗대와 함께 들숨과 날숨 때 흉곽이 어떻게 올라갔다 내려갔다 하는지를 그래픽으로 묘사한 것을 덧붙여 보았다. 이것을 아이의 폐 그림과 비교해 보면, 놀라우리만치 일치하는 현상을 목도하게 된다. 아이의 그림에서도 역시 흉곽의 윤곽선들이 확장되었다 축소되었다 하는 움직임을 보여 준다.

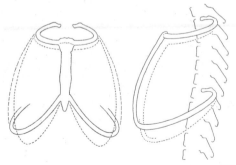

[그림 32]

그러나 리듬의 요소는 다른 방식으로도 표출된다. 그림 32
에는 몸통이 묘사되어 있는데, 가운데 노란색을 중심으로 빨간색과 파란색이 대칭을 이루고 있다. 빛은 이제 더 이상 머리 주위를 배회하지 않고, 생명력이 활동하고 있는 몸통 안에 있다. 이 아이는 머리 위에 마치 왕관처럼 보이는 것을 그렸다. 그런데 루돌프 슈타이너는 또 다른 해석의 가능성도 보여 주었다. 옛날에 왕이나 황제, 이집트의 파라오들이 지배자로 군림할 수 있었던 것은, 그들에게 투시의 자질이 있었고, 또 이들이 정신세계와 연결된 끈을 고스란히 간직하고 있었기 때문이었다는 것이다. 오늘날에도 원시인의 의료 주술사에게서 이와 비슷한 비상의 자질을 볼 수 있다. 이들에게 투시안의 잔재가 남아 있는 경우도 종종 있다. 인류 초기의 문화권들에서 왕관은 이와 같은 초감각적 능력의 표현이었다.

이 책의 앞부분에서 이미 몇 점의 그림에서, 머리에서 나와서 지면의 가장자리를 향하고 있는 선들이 밖으로부터 흘러들어오는 생명력을 묘사한 것임을 언급한 바 있다. 아이는 이러한 생명력을 통해서 정신세계와 연결된다. 옛날에는 왕들의 경우도 마찬가지였다. 그러나 아이의 성장이 진척될수록 몸에 대한 이러한 힘들의 작용은 약화되기 마련이다. 왕관의 형태가 원래 그리던 선만큼 크지는 않지만 아직 그 힘이 아이 안에 존재한다는 표현일 수도 있다. 그러나 이러한 힘들은 다섯 살이 되면 이미 이전만큼 강력하게 작용하지는 않는다. 아이들 그림에서 왕관은 다양하게 변주되어 나타난다.(이후에 실린 그림들에서도 왕관을 더욱 자주 만나게 될 것이다) 왕관은 아이가 다른 세계와 연결되어 있다는 마지막 징표이다. 이에 비하면 이 단계에서 팔과 다리는 단지 부속물 정도로 묘사된다. 아이가 아직 땅에 제대로 도착하지 못한 것이다.

발도르프 유치원에 대해 좀 아는 사람이라면, 아이들이 왕관을 그리는 것은 생일날 머리에 왕관을 쓰기 때문이라는 주장을 펼 것이다. 그러나 그림 32가 탄생한 시점은 오늘날 흔히 하는 것처럼 생일잔치를 하던 때가 아니다. 동화 같은 생일날은 아직 없었던 시절이었다. 게다가 발도르프 교육 환경 바깥에 있는 아이들도 '왕관'을 쓴 사람을 그린다는 사실이 눈에 잡히기도 한다.

[그림 33]

그림 33에 나타나는 형태들을 트레이싱지에 그려 옮겨 보면, 머리 옆에 있는 삐죽한 모양이 머리 부분의 첫 번째 삐죽한 형태와 놀라우리만치 완벽하게 들어맞는다는 것을 알 수 있다. 미루어 짐작하건대, 이 아이는 자신의 존재를 자기 자신 바깥에 있는 것으로 체험하고 있다. 머리 옆에 있는 이 형태는 머리에

꼭 맞으며, 뒤집어진 왕관처럼 보인다. 이러한 형태는 아이들 그림에서 많이 볼 수 있다.

아이와 집

다섯 살이 지나면 그림에 집이 등장하는 발전을 보인다. 아이들 그림에서 집은 민담에서와 마찬가지로 신체에 대한 상징적 표현이다. 처음 단계에서는 아이가 집 옆 공중에서 부유하는 모습이다. 이런 점으로 볼 때 집과 아이의 분리 상태를 짐작해 볼 수 있다. 아이는 아직 완전하게 자기 신체 안에 머무르지 못하고 아래 땅에 도착하지도 못한 상태이다. 그러므로 이러한 그림은 아이가 우선 자신의 영혼적, 정신적 존재를 지니고서 자신의 몸, 즉 자신의 뼈와 몸통 안으로 완벽하게 침투해 들어가야 하는 단계임을 말해 주고 있다.

다음의 예들은 다섯 살 된 아이가 점차 자기 몸에 대한 통제력을 장악하고 단계적으로 자기 몸 안으로 들어가는 과정을 분명하게 보여 준다.

[그림 34]

그림 34의 경우 집은 아직 그다지 구체적이지 않다. 집 안은 비어 있고, 아주 작은 창문과 아주 작은 문이 하나 있을 뿐이다. 아이의 머리는 노란색으로 그려져 있고, 머리에는 노란색으로 그려진 작게 삐죽 솟은 부분이 있다. 이 부분은 정신세계와 연결되는 마지막 끈이 아직 남아 있음을 말해 준다.

[그림 35]

그림 35는 이미 상당한 진척을 보여 준다. 그림에서 아이는 이미 거의 땅 위에 가까이 서 있음에도 불구하고, 어딘가 공중에 떠 있는 것 같은 요소가 눈에 띈다. 머리가 비스듬히 기울어져 있고, 머리보다 큰 몸통에 느슨하게 연결되어 있어서 이러한 인상은 더욱 강해진다. 팔과 다리는 힘차기는 하지만, 아주 작다. 아이는 자기 집에 비해 너무 크고, 이러한 점을 통해 아이가 아직 자신의 육체 바깥에 있음을 암시하고 있다.

[그림 36]

그림 36에서도 신체를 장악하는 과정의 진행을 잘 볼 수 있다. 자기의 발로 계단을 내려가는 아이는 아이가 땅과 자기 집으로 향하는 도정에 있음을 나타내고 있다. 아이의 머리 위에 왕관 형태가 있는 것을 보면, 이 아이가 아직 빛이 오는 세계와 완전하게 절연된 상태는 아니라는 것을 알 수 있다. 집 위에도 동일하게 왕관 형태의 일부가 보이는데, 이것은 집과 아이의 밀접한 연결 관계를 알려주는 징표이다.

[그림 37]

여름방학 바로 직전에 다섯 살 반 된 아이가 집 옆에서 공중에 떠 있는 사람의 모습을 그렸다.(그림 37) 이 인물은 노란색 얼굴에 금관을 쓰고 있다. 이것은 태양계와의 연결성을 아직 간직하고 있다는 것을 보여 준다. 그러나 얼굴 주위에 나타나는 파란색 표시는 이 인물이 이제 막 태양계에서 떨어져 나와 어둠 속으로 들어가고 있는 찰나임을 말해 준다. 많은 가지를 뻗고 있는 녹색의 나무에서 리듬적 요소의 비중이 나타난다. 이 가지들 사이에 인물이 붕 떠 있다. 나무와 탑은 아이 내부에 있는 설 수 있는 힘들의 표현이며, 이러한 힘들은 뼈대와 관계된다. 발과 다리는 가늘고, 특별히 땅과 연결되어 있는 것으로 묘사되어 있지는 않다.

[그림 38]

그림 38은 같은 아이가 여름 방학이 끝난 뒤에 그린 것이다. 아이는 이제 나무 사이 공중에 떠 있던 자리를 떠나 온전히 자기

집 안으로 들어갔고, 발아래에는 녹색이 힘차게 칠해져 있다. 이와 동시에 아이는 힘찬 빨간 선 하나로 자신을 정신세계와 분리시키고, 이러한 선은 사위를 빙 돌아 아이를 집 안에 가둔다.

이 아이의 첫 번째 그림(그림 37)에는 위로 올라가려고 하는 다소 약한 왕관 형태가 있었다면, 이제 두 번째 그림에서는 꼭대기에 금빛 덩어리가 있는 네 개의 탑 모양이 나타났다. 이 아이는 먼저 집의 외관과 문, 그리고 작은 창문을 그리고 나서 집의 공간 안에 자기 자신을 그려 넣었다. 요컨대 그 이전에는 서로 분리되어 있던 집과 자신을 이제 한데 뭉칠 수 있게 된 것이다.

집 안으로 들어간 아이 역시 이전과는 많이 다른 모습을 하고 있다. 즉 이전의 그림에 있던 노란색의 얼굴 윤곽과 왕관이 두 번째 그림에서는 자취를 감추었다. 푸른색으로 어두움을 나타냈던 부분이 진짜 땋은 것처럼 보이는 두 가닥의 부풀은 머리로 탈바꿈했다. 이 땋은 머리처럼 보이는 부분은 형태가 매우 리드미컬하다. 몸체에 목도 있고, 다리와 발은 커지고 사각형의 꼴로 바뀌었다. 두 다리는 오른쪽을 향하고 있다. 이 인물에서 아주 이상한 점은, 마치 몸통을 측면에서 볼 때처럼 몸통 한 가운데 팔이 하나뿐이라는 사실이다. 이러한 묘사 방식은 새로운 인지 능력을 말해주는 것이다. 즉 옆모습을 그리는 시발점이다.

이 아이가 그린 두 그림에서 인물의 얼굴은 동일한 네 가지 요소들, 즉 작고 둥근 두 개의 눈과 둥근 코, 입을 나타내는 짧은 선 등을 드러내고 있지만, 그럼에도 불구하고 그 표현은 아주 다르다. 첫 번째 그림은 몽상적이고 모호한 분위기를 풍기는 반면, 두 번째 그림은 흡사 아이의 시선이 왼쪽, 그러니까 발이 향하고 있는 방향과 반대되는 방향을 향하고 있는 것처럼 보인다. 이러한 측면으로 인해 깨어 있는 분위기, 거의 당돌하기까지 한 느낌을 자아낸다.

[그림 39]

그림 39에서 집은 태양이 보내는 긴 빛줄기와 긴밀하게 연결되어 있다. 즉 태양빛이 집의 지붕과 벽까지 닿아 있다. 아이가 집 안에서 우리를 내다보고 있는데, 아이 눈의 연보라색이 황금빛을 더욱 도드라지게 하고 있다. 머리 위에 얹힌 왕관 형태는 아이가 생명력과 연결되어 있음을 말해 준다. 하지만 아이의 다리가 굵다는 점으로 볼 때 아이는 땅으로 가는 도정에 있으며, 이러한 상태는 '나'의 형상을 집과 나란히 위치시킨 것에 의해서 더욱 강조되고 있다.

집 안에 있는 둥근 모양들에서 우리는 리드미컬한 반복의 현상을 감지할 수 있다. 이렇게 반복적인 형태들로 이루어진 형상은 마치 텔레비전 수상기처럼 보이는데, 무엇보다도 그 아래 있는 '텔레비전 탁자'처럼 보이는 물건이 집 지붕 위의 녹색 선과 동일한 색으로 그려진 것을 볼 때, 그렇게 판단된다. 또 지붕 위의 녹색선은 텔레비전 안테나인 것 같다. 요컨대 다섯 살 아이답게 주변의 환경적 요소들이 아직은 꿈 속 같은 그림의 분위기 안으로 물밀듯 밀려들어와 뒤섞이는 시점에 다다른 것이다.

그림 40은 남자아이가 그린 것인데, 이 아이는 먼저 둥근 형태의 풀들 위 한가운데 인물을 그렸다. 그러고 나서 인물 왼쪽 옆에 높고 좁다란 집과 여러 개의 창문과 대문을 그려 넣었다. 그런 다음 오른쪽에다가 집을 하나 더 그렸다. '아이는 하나인데 집이 둘이라니, 새로운 현상이군!'하는 생각을 했다. 그러나 그 순간 단순한 가로선 하나가 그려지더니 두 집의 뾰족한 지붕 꼭대기가

서로 연결되었다. 이제 아이는 바로 자기 집 안에 있게 된 것이다. 이 집에는 뾰족한 박공이 두 개, 굴뚝도 두 개가 되었다. 두 개의 굴뚝에서는 연기가 리드미컬한 나선형태로 뭉게뭉게 피어올랐다.

[그림 40]

간단한 선 하나로 이 남자아이는 한 가지 체험 상태(집 앞에 있는 것)에서 다른 체험 상태(집 안에 있는 것)로 옮겨가는 것을 완수했던 셈이다. 이러한 일련의 과정은 그림 21(102쪽)에 있는 아이가 머리에서 몸통으로 체험의 지평을 옮겨간 것과 동일한 양상이다. 이 아이는 집이란 것을 여러 측면에서 바라볼 수 있다는 사실을 발견했던 것이다. 이 여러 측면들을 동시에 보는 것은 불가능하지만, 아이는 여러 측면이 있다는 사실 만큼은 알고 있다. 감각이 순간적으로 포착한 집에서 받은 인상을 아이는 자신의 상상의 세계에 보관해서 활용할 수 있는 능력이 생긴 것이다.

지금까지 서술한 내용을 정리하면, '머리-발 그림'에서부터 발전되어 나온 인간의 모습과 관계된 것이었다. 하지만 이미 아이들 그림의 또 다른 기본요소, 즉 '나무-인간 그림'에 대해서도 언급한 바 있다. 이제 '나무-인간 그림'에 대해 탐구해 보겠다. 그래서 다시 한 번 서투른 선 그림의 단계로 되돌아가야겠다.

[그림 41]

그림 41은 아직 서투르게 선을 긁적이는 단계에 있는 두 살된 아이의 그림이다. 힘차게 좌우를 오가며 그리는 동작이 주를 이루고 잇는데, 이러한 동작은 바로 흔히 말하는 '나무-인간 그림'의 출발선이 된다. 좌우를 오가는 동작은 왼쪽 부분에서 위를 향하는 선들로 시작되다가, 점차 오른쪽 부분으로 옮아가면서 수평 방향으로 나아간다.

[그림 42]

　좌우로 흔들리는 움직임들은 그림 42에 오면 힘을 모아 집약적으로 쓸 수 있게 된다. 아이는 지면 전체를 무대로 끈덕지게 그림을 그려서 하나의 인물을 창조한다. 위의 밝은 부분은 오렌지색을 쓰고 있다. 그래서 이 부분은 땅 위의 파란색 형태와 대조를 이룬다. 이 그림에서는 '나무-인간 그림'이 지니는 의지의 힘이 표출되고 있다.

[그림 43]

그림 43에서 많은 색을 겹쳐서 그린 부분은 강렬한 의지의 요소를 나타낸다. 아이는 이러한 요소로써 자신의 힘을 드러내고 있다. 처음에는 밝은 색으로 그리기 시작한다. 검정색 색연필을 전혀 쓰지 않았는데도 마지막에는 그림 전체가 거의 새까맣게 되었다. 그렇기 때문에 여러 가지 강한 색을 구비해 놓되, 까만색은 준비할 필요가 없다. 이 그림을 그린 아이는 그리는 활동을 통해 밝은 것에서 출발해서 어두운 것에 다다르려는 지향을 보인다.

자기 자신의 의지력으로 삶에 진입하고자 하는 것이다. 그렇지만 검정색 색연필을 사용하는 경우, 아이는 스스로 어둠을 만들어 내는 체험의 단계 그 자체에 이르지 못한다.

[그림 44]

그림 44를 보면, 이제 수직으로 작용하는 힘이 전면을 차지한다. 화면 오른쪽에 가로로 달리는 선들이 처음 등장하고, 둥근 형태들이 선회하고 난 뒤, 공간 안에서 방향을 체험하는 일이 시작된다.

[그림 45]

그림 45에서 보면, 공간을 마치 추처럼 오가던 움직임이 이제 분명하게 서로 갈라져서 수직 방향의 운동과 수평 방향의 운동으로 나뉘어 나타난다. 이전의 그림에서도 그랬지만 이 그림에서도 역시 아이는 밝은 노란색으로 시작해서 마무리는 어두운 파란색으로 했다.

'나무-인간 그림'에서도 자아 형태가 전개되어 나온다. '머리-발 그림'이 가운데 점이 있는 둥근 모양의 자아 형태에서 전개되어 나왔다면, '나무-인간 그림'에서 발원하는 자아 형태는

십자 형태로 좀 더 정적이다.(그림 46 참조) 선들을 수직으로
쌓아 올리는 데는 특정한 의식이 필요하다. 세 살 정도 되면
이러한 의식이 생긴다. 십자 형태는 원의 바깥에도 그려지고
원의 내부에도 그려진다. 이러한 형태를 흔히 '태양 접시'라고
도 부르는데, 이러한 그림은 빙하기 암각화나 오스트레일리아
원주민들에게서도 찾아볼 수 있다.(82쪽 참조)

[그림 46]

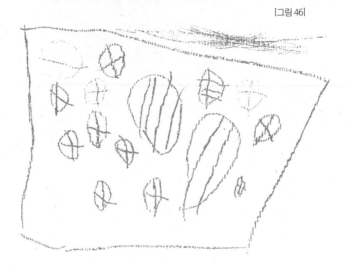

그림 47에서는 아래 위를 오가는 수직 방향의 움직임에서
진자 운동이 시작되는데, 이것은 추후에 머리 형태가 될
부분이다. 전 과정이 전광석화처럼 빠르게 진행되고, 그림은
순식간에 완성된다.

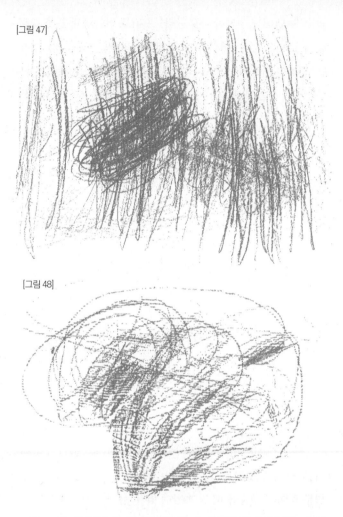

[그림 47]

[그림 48]

그림 48의 아래쪽에 보이는 힘찬 수직선들에서 '나무–인간'

의 몸통 형태가 서서히 나타난다. 그 위로 커다랗게 원을 그리는 동작으로 공중을 선회하는 형태들이 그려진다. 그림 전체가 순식간에 완성되고, 아이의 그림은 흡사 회오리바람 같다. 그렇지만 선들이 지닌 의지의 성격은 여전히 도드라지게 강조되어 있다.

[그림 49]

그림 49에서는 그루터기 같은 몸통과 선회하는 선들로 된 머리, 팔을 묘사하는 가로선들이 있는 '나무-인간'을 볼 수 있다. 이 인물은 아직 공중에 떠 있고 발이 없다. 유난히 큰 손이 의미하는 바는 뒤에 가서 이야기하겠다.(200쪽, 그림 92 참조)

[그림 50]

그림 50에 나타난 '나무-인간'(머리와 선회하는 선들로 그려진 눈, 머리 주위의 리드미컬한 형태들)은 자신의 집에 들어가려고 하는데, 그러기까지는 아직 한동안 기다려야 하는 단계이다. 이 그림에서 주목해야 할 것은 오른쪽 집 위쪽에 좌, 우, 위 방향으로 배열된 세 개의 둥근 형태와 그것에서 뻗어 있는 다리이다. 이 그림에서는 땅을 향해 내려가는 주된 방향이 약하게나마 암시되고 있는데, 이것은 맨 왼편의 '나무-인간'에서 여실히 드러난다.

그림 51에서는 두 가지 요소, 즉 머리 부분의 '머리-발 그림'의 요소와 몸통의 '나무-인간 그림'의 요소가 결합된 양상이 엿보인다. 아이는 커다란 집 안에 있다. 머리 주위로 힘차게 좌우를 왔다 갔다 하는 동작을 하며 그린 부분을 통해 우리는

아이가 위의 우주 세계로부터 자신을 차단하고 있다는 것을 알 수 있다. 아이는 땅 위에 서 있으며, 다리는 강하지만 발은 가늘다.

[그림 51]

마지막으로 '나무-인간 그림'의 발달 선상에 있는 예를 하나만 더 들겠다. 그림 52를 보면 '나무-인간'의 의지 요소로부터 몸통과 머리, 머리카락, 다리 등으로 이루어진 인간의 형상이 또렷하게 도드라져 나온다. 아이를 우주 세계로부터 분리시키는 테두리도 인간의 형상을 그릴 때와 동일한 정도의 힘으로 그려져 있다. 발이 있어야 하는 자리에는 거꾸로 된 왕관의 형태를 볼 수 있다. 이는 생명력이 바야흐로 다리와 발전체에 두루 작용하고 있음을

시사하는 징표이다. 아이는 아직 땅에 완전하게 도착한 상태는
아니지만, 이제 그러기까지 오래 걸리지 않을 것이다.

[그림 52]

다섯 살이 지나면 생명력의 주 활동 영역이 점차 소화 기관과 좀 더 굳건해진 다리로 이동해간다. 이 시기가 되면 아이의 달리기 능력이 점점 빨라진다. 특히 유치원의 큰 남자아이에게서 이러한 현상을 볼 수 있다. 아이는 목하 자신의 신체에 다다르는 도정에 있다.

세 살 이후 머리로부터 놓여난 생명력은 다섯 살이 되면 차츰 폐와 심장에서 풀려나는 생명력과 결합한다. 앞서 이미 언급했다시피 이러한 힘들은 아이 특유의 상상력으로 변환된다. 아이들 그림을 통해 인물의 다리가 점차 또렷해지는 현상에서 우리는 이러한 사실을 읽을 수 있다. 이전의 그림에서 인물이 땅 위 공중에 떠 있었다면, 다리가 점차 확실해지면서 이제 서서히 땅을 딛고 서는 모습을 보인다. 아이들이 아직 자연주의적 방식으로 인간의 모습을 그리는 것은 아니지만, 머리와 몸통, 다리 사이의 비례가 점점 더 실제와 비슷해진다. 또한 주위 환경의 역할도 점차 증대하는데, 그림에서 실제 체험의 요소나 동화에 나오는 형상까지 발견할 수 있게 된다. 그럼에도 불구하고 학령기가 되는 시점까지, 심지어 1학년까지도 아이의 그림은 아이 자신의 유기적 신체에서 출발한다는 점을 잊어서는 안 될 것이다. 그러므로 유치원 아이들에게 방금 들은 동화나 이야기를 그림으로 그려보라고 종용해서는 안 된다. 설령 이러한 것을 그리더라도 그것은 자발적으로 그리는 경우에 한해야 한다.

이 시기 즈음이 되면 아이는 점차로 자신이 그린 윤곽선을 침범하지 않고 그 안쪽을 아주 섬세하고 깔끔하게 칠할 수 있는 능력도 생긴다. 또한 지면 전체를 강렬한 색깔로 칠해 완전히 메우는 능력도 갖게 된다.

그러나 그림을 그릴 때 아이에게 절대로 과제를 내주어서는 안 된다는 점이 무엇보다 중요하다. 학령기 시점까지 아이들은 모름지기 마음 내키는 대로 자유롭게 그림을 그려야 한다.

이때가 되면 아이는 자신의 신체에 중대한 변화가 일어나는 시점을 눈앞에 두고 있다. 바로 이갈이이다.

그림에 나타나는 이갈이

6-7세가 되어 정상적으로 이갈이가 시작되면, 아이는 첫 번째 유아기를 뒤로 한다. 몸을 형성하는 생명력들의 작업 대부분이 완료된다. 생명력의 마지막 생리학적 과제는 바로 새 치아들을 밀어 올리는 것이다. 이러한 과제를 마친 뒤 생명력들은 자유로운 기억력으로 변환된다. 이 단계의 기억력을 세 살 때 형성되는 구속된 기억력과 혼동해서는 안 된다.

생명력과 기억이 서로 연결되어 있다는 사실을 우리는 자신을 살펴보면 알 수 있다. 이를테면 떠나려는 버스를 잡아타기 위해 예상치 못한 시점에 아주 갑작스럽게 빠른 속도로 달려야 할 경우, 우리는 버스를 타는 것 말고는 아무것도 생각할 수가 없다. 다시 조용히 앉아 있게 되었을 때에야 비로소 전에 생각하고 있던 복잡한 문제들에 대해 다시금 곰곰 생각하는 일을 재개할 수 있다. 이러한 사실로 볼 때 생명력(달리는 것)과 기억력(생각하는 것)이 동시에 사용되는 것은 아니라는 것을 알 수 있다. 그러므로 생명력과 기억력은 하나이다.

이갈이가 진행되면서 생성되는 자유로운 기억은 학습의 전제가 된다. 그래서 새 이들이 나오면 학령기가 된 것이다. 바로 이러한 이유로 발도르프학교들에서는 이갈이가 충분히 진행된 다음에 아이들을 입학시키도록 주의를 기울이기도 한다.

물론 5-6세에 벌써 젖니가 빠지기 시작한다. 아이에게 이러한 상황은 완전히 새로운 것이다. 이는 사람의 몸에서 유일하게 교체되는 부분이다. 기타 기관들은 모두 태내에서 생성된 맹아를 기초로 계속해서 발달해 나간다. 아이가 일곱 살이 되어서 새 간이 생긴다던지, 또는 새 허파가 생기는 일 따위는 없다. 이러한 사실로 미루어 보건대, 이갈이는 아이의 성장에서 중차대한 국면이라는 것을 알 수 있으며, 만약 아이의 그림에 이러한 사건이 표현되지 않는다면, 그 자체만으로도 아주 기이한 일이 아닐 수 없다.

그림 53에서는 그림 가운데에 전형적인 치아 형태들이 등장한다. 이 그림을 그린 아이는 다섯 살 반 된 아이로, 새 이가 막 났다. 동일한 치아 형태가 오른쪽 위 부분에 있는 인물에서도 다시 한 번 나타난다. 치아의 성장 과정을 개괄한 오른쪽 도표를 보면 이 아이가 그린 두 개의 뾰족한 부분이 있는 형태가 송곳니라는 사실을 확인할 수 있다.

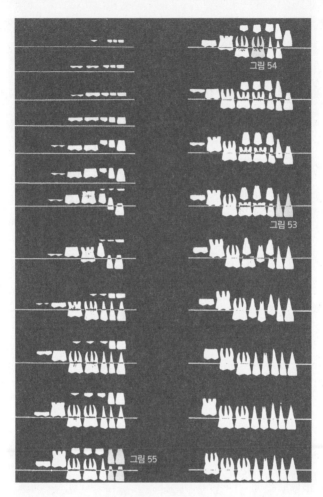

치아의 생성과 돌출 과정(〈호프만-라 로쉐Hoffmann-La Roche 사〉의 팸플릿에서
인용) 윗니가 위턱 잇몸을 아래로 뚫고 나오는 과정을 그린 것이다. 앞의 그림들에서
아이들이 그린 치아 형태들, 즉 두 개의 뾰족한 송곳니(그림 53), 세 갈래로 이루어진
어금니 뿌리(그림 54), 사각형의 작은 앞니(그림 55) 등을 이 도판에서 찾아볼 수 있다.

[그림 53]

[그림 54]

이갈이가 그림 54와 같은 부류의 그림을 그리는 계기가 될수도 있다. 지면의 위에서 압도적인 요소는 뾰족한 형태들이다. 이러한 형태들은 아래쪽의 뿌리와 비슷한 세 개의 형태와 연결되어 있다. 147쪽의 치아 구조 도면을 보면, 어금니의 뿌리 구조가 이와 똑같이 세 부분으로 되어 있음을 볼 수 있다.

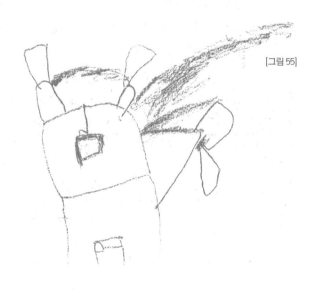

[그림 55]

그림 55를 그린 아이는 처음으로 이를 뺀 상태이며, 이 그림에 이 사건의 전 과정이 그대로 나타나 있다. 맨 왼쪽 집 윗부분에 아래위로 쌓여 있는 두 개의 사각형들은 치아 두 개와 완전히 닮은 꼴이다. 여기에서 위의 사각 형태는 젖니임에 틀림없고,

아래 사각 형태는 남아 있는 이가 분명하다. 집 위 오른쪽 위에 얹어져 있는 두 개의 치아를 보면, 위의 이가 뾰족한 끝 부분으로 아래 이와 간신히 연결되어 있는 것을 볼 수 있다. 오른쪽 집 벽에 붙어 있는 세 번째 이의 쌍에서는 위의 이가 남아 있는 이에서 떨어져 나가고 있다. 처음으로 이가 완전히 빠지는 모습이다. 이런 식으로 이갈이가 진행되었던 것이다.

집이 몸을 묘사한다면, 지붕은 머리이다. 첫 번째 치아의 쌍과 두 번째 치아의 쌍 사이에 완만한 곡선이 쳐진 것을 보면 이갈이가 머릿속에서 일어났음을 알 수 있다. 이러한 곡선을 통해 지붕이 생겨났다.

주변에 대한 관심 : 베끼기

아이들은 5-6세가 되면 다른 사람들의 그림에 대해서도 관심을 보이기 시작한다. 유치원 아이들 가운데 5-6세 된 여자아이 둘이 있었다. 이 두 아이는 늘 함께 어울려 놀았다. 나이가 위인 여자아이가 주도적으로 행동하고, 나이가 아래인 여자아이가 거기에 맞추는 식이었다. 어느 날 나는 두 아이가 완전히 똑같은 그림을 그리는 것을 목격했다. 여섯 살 된 아이가 그림을 그리면 다섯 살 된 아이가 이것을 그대로 베끼는 것이었다. 강연에서 이 두 아이의 그림을 예로 들게되는 경우에는, 늘 나이가 위인 아이의 그림을 먼저 보여 주고, 그 안에 들어 있는 요소들을 전부 설명한다.

그림 56을 보면 푸른 산이 두 개 있고 그 한가운데 지는 해가
보인다. 오른쪽 전면에 오렌지색 집이 한 채 있는데, 지붕은
파란색, 굴뚝은 빨간색, 대문은 파란색에 창문이 하나 있다.
집 앞에는 녹색 수풀이 있다. 배경에는 녹색 나무가 있다.
왼쪽 산에는 빨간 꽃 12개와 파란 꽃 하나가 있다. 오렌지색
태양 위쪽으로는 빨강과 노랑이 섞인 빛이 있다. 그 위 하늘은
파란색으로 칠해져 있다.

[그림 56]

[그림 57]

　이 그림에 대한 설명을 마친 다음에야 나는 그림 57을 꺼내서 설명하기 시작한다. 여기서는 유감스럽게도 그림이 모노톤으로 되어 있어서, 두 그림의 뉘앙스가 또렷하게 부각되지는 않지만, 겉으로 드러나는 두 그림의 형태로부터 벌써 똑같아 보인다. 아주 미세한 부분에 이르기까지 두 번째 그림은 형태나 색채 면에서 첫 번째 그림과 동일하다. 단 한 가지가 미세한 차이를 보인다. 이 차이를 책을 쓰는 동안에야 비로소 발견했다. 다섯 살짜리 아이는 왼쪽 산에 파란 꽃을 그리지 않았다는 사실이다. 선의 필치도 다른데, 그림 56을 그린 여섯 살짜리 아이가 좀 더 섬세한 필치로 그렸음을 알 수 있다.

반면 그림을 역방향으로 뒤집어볼 때 베낀 모티브가 전혀 다른 것임을 확인한 경우도 있다. 정말 당혹스러웠다.(그림 58과 59 참조) 이 그림들에서 두 마리 동물이 한 우물가에 있는 것을 볼 수 있다. 전자는 물을 마시고 있는 그림이고, 후자는 물이 있는 곳에서 등을 돌리고 있는 그림이라는 것이다.

[그림 58]

[그림 59]

[그림 60]

아이가 자기 주변 가까이에 있는 세계를 그리기 시작하면서 발견하기 시작하는 사물 중에는 옷도 포함된다. 그림 60을 그린 사내아이는 목 부분이 있는 빨간 스웨터를 입고 있었는데, 목 부분이 심하게 강조된 것으로 봐서는 스웨터의 목 부분이 너무 꽉 끼었던 것 같다. 다섯 살 배기 이 아이는 아직 머리 위에 왕관의 형태를 가지고 있고, 노란색 빛으로 에워싸여 있다. 아이의 다리가 가늘고, 땅에 닿는 부분인 두 발이 단지 선으로만 표현되어 있는 것으로 볼 때 이 아이는 땅에 대한 관계가 아직 그다지 견고하지 않다는 것을 알 수 있다.

이에 비해 그림 63(158쪽)과 그림 68(166쪽)에서는 아이의 다리가 튼튼한 것을 볼 수 있다. 이렇게 다리가 튼튼하게 표현된다는 것은 학령기를 코앞에 두고 있음을 말해 준다. 이에 비해 그림 60의 아이는 아직 꿈을 꾸고 있는 단계이다. 그림 63과 68에 비하면 얼굴 표정도 훨씬 덜 뚜렷하다.

색체가 의미하는 것

[그림 61]

그림 61에서 보면 종이 전체가 빈 데 없이 꽉 메워져 있고, 색칠이 형태를 벗어나는 법이 없이 모두 그 안에 머물러 있다. 이 그림에서 선은 아직 그다지 안정적이지는 않다. 그림의 주제는

계속해서 집이다. 집은 땅 위에 서 있는데, 곧이어 아이 자신도 그럴 것이다.

이 기회에 부모와 교사들에게 해주고 싶은 조언이 한 가지 있다. 아이가 종이에 그림을 그릴 때 지면을 완전히 채우도록 아이를 종용하지 말라는 것이다. 그럴 경우 아이가 지면을 완전히 채울 수 있는 능력이 어느 시점에 생기는지를 확인할 수가 없기 때문이다.

[그림 62]

이 그림 62에서 색채는 뚜렷한 형태의 테두리 안에서 나타나고 있다. 또한 이 형태들은 대부분 대칭적이다. 그림의 필치는 확실하고 안정적이지만, 드러나는 사물과 주변의 환경은 나누어져 있지 않다. 힘찬 필치는 지금 아이에게서 형성 중인 물질 대사 기관, 즉 근육의 조직을 연상케 한다. (골반 부위의 근육을 그린 아래 그림 참조) 그림 62가 보여 주는 안정성에 주목해보면, 이 그림을 그린 아이는 여름방학이 끝나면 곧 입학할 아동이라는 점을 암시하는 것 같다.

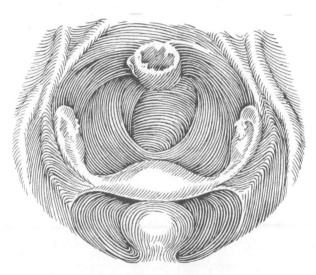

골반 부위의 근육들. 이 부위에 두드러지게 작용하는 것은 여섯 살 아동의 생명력이다. 그림 62가 그려진 방식을 보면, 골반 부위의 근육 조직과 유사한 점을 알아챌 수 있다.

[그림 63]

　그림 63은 그림 60에 비해 두 다리와 두 발이 어머니인 대지를 훨씬 확고하게 딛고 서 있다. 머리는 '머리-발 그림'의 둥근 형태를 띠고 있는 반면에, 몸통과 다리에서는 '나무-인간 그림'의 기본 요소가 나타난다는 점을 알 수 있다. 태양의 빛은 생각이 자리 잡고 있는 머리를 노란색으로 통과해 지나고 있다. 그림을 에워싸고 있는 선들은 노란색이다. 몸통은 중력을 표시하는 파란색으로 그려져 있다. 아직도 노랑과 파랑은 밝음과 어둠이라는 속성을 그대로 간직하고 있다. 이러한 형태의 그림은 학령기임을 말해주는 징표이다.

[그림 64]

그림 63이 그려진 종이 뒷면에 7개의 형태가 그려져 있었다. (그림 64) 이 아이는 그림 동화에 나오는 <일곱 마리 까마귀> 이야기를 들었다. 아이는 이제 동화를 들으면서 자기 내부에서 생성된 내면의 그림을 그릴 수 있게 된 것이다. 여섯 살배기 아이에게 까마귀는 이런 모양으로 보인다. 어른도 누구나 이 그림이 무엇을 그린 것인지 이해할 수 있을 것이다.

[그림 65]

그림 65도 마찬가지다. 이 그림은 여섯 살 배기 여자아이가 동화에 나오는 인물을 그린 것이다. 이 아이는 그림의 윗부분에서 보이는 두 개의 둥근 호에서 그림을 시작해서 오른쪽으로 선을 긋고, 그 선이 다시 두 개의 호에 닿아 마무리 될 때까지 빙 둘러 선을 이어갔다. 아이가 형태를 마무르고 거기에 두 눈과 입을 그려 넣은 다음에야 이것이 그림 동화 <개구리 왕자>에 나오는 개구리를 그린 것임을 알아챌 수 있었다.

이 아이의 그림은 출판된 그림 동화책의 <개구리 왕자> 부분에 실린 삽화와 아주 유사하다. 이 아이는 다른 어떤 것도 참조하지 않은 상태에서 단숨에 그림을 그렸다. 이런 점으로 보건대, 이 아이는 내면의 표상 능력과 아울러 외부 세계에 대한 감각적 인지 능력 또한 매우 예리해졌음을 알 수 있다.

동화책에 실린 〈개구리 왕자〉 삽화

[그림 66]

그림 66은 아이들이 동화를 듣는 동안 내면에서 어떤 상상의 모습들이 생성되는지를 보여주는 아주 재미있는 예이다. 지금까지 나온 동화와 관련된 그림들은 대략 어른들의 표상 세계와 일치하는 것들이었다.

이 세 인물의 다리가 짧고 자그마한 점은, 이 그림을 그린 아이의 다리에서 생명력의 활동이 아직 완결되지 않았음을 말해 준다. 우리는 아이에게서 직접 이야기를 듣고 나서야 이 그림이 그날 들은 동화 <양 세 마리의 혹>의 한 장면을 그린 것이라는 것을 알 수 있었다. (이 동화는 다리를 건너야지만 푸른 초원의 싱싱한 풀을 뜯어 먹을 수 있는 세 마리 양에 관한 이야기이다. 그런데 다리를 건너는 일은 그 아래 노르웨이의 괴물 트롤이 살고 있기 때문에 위험천만한 일이다. 결국 트롤은 물에 빠져 죽고 모든 일은 행복하게 끝을 맺는다) 다섯 살배기 아이는 종이에 자기 나름대로 상상한 형상을 표현했는데, 그 아이에게 다르게 그릴 여지는 전혀 없었을 것이다.

아이들에게 대체 무엇을 그린 것이냐고 꼬치꼬치 캐묻는 일은 금물이다. 아이들은 왔다갔다하며 무엇을 그렸는지를 자발적으로 이야기하기도 한다. 아이가 대략 다섯 살이 될 무렵이면 아이 스스로 덧붙이는 설명을 믿어도 좋다. 하지만 아이들 자기 자신은 의식하지 못하지만 한동안은 자기 자신을 그릴 것이다.

학령기

유치원에서 가장 나이가 위인 두 아이가 학교에 들어가기 직전, 여름 방학을 눈앞에 둔 유치원 마지막 날이었다. 그 아이들이 이 상황을 어떻게 이해하고 있는지 알고 싶어서 그 두 아이에게 자신의 모습을 그려 보라고 부탁했다.

그 결과 두 개의 그림을 얻었다. 그림 67에서는 몸집이 큰 사내아이를 볼 수 있는데, 그 아이는 두 발로 확고하게 서 있는 모습이다. 이 아이의 모든 요소, 즉 몸통의 윤곽, 팔과 다리의 형태(심지어 엄지손가락까지 보인다), 특히 또렷하게 알아볼 수

있는 감각 기관들을 갖춘 얼굴까지 확고하고 분명하지 않은 것이
없다. 몸통에서는 리듬의 요소를 느낄 수 있다. 또 윤곽선들은
아주 정확하고 꼼꼼하게 그려졌다. 이 모든 특징은 학령기가
되었음을 알리는 신호이다.

[그림 67]

5년 전 시작된 전체적인 그림 발달 과정의 첫 단계인 '긁적이는 단계'에서 나온 형상이나 '머리-발 그림'과 이러한 그림을 비교해 보면, 몸통과 그림의 완숙도 면에서 이루어진 발달이 실로 어마어마하다는 것을 느낄 것이다. 이 단계에 이르면 어른들은 이제 드디어 아이가 그린 것이 무엇인지를 알 수 있다는 생각에 들떠 희열을 느낀다. 반면 이 연령기에 그려지는 그림들에는 이전만큼 많은 비밀이 더는 들어 있지 않다.

어쩌면 모자는 한 가지 예외가 될 수도 있다. 문제는 이 시기 그림들에 일반적으로 모자가 등장한다는 것이다. 그림 67이 그려진 당시에 그와 같은 모자를 쓰고 다니는 사람은 하나도 없었다. 그렇지만 인지학에서는 인간에게는 아우라, 다시 말해서 눈에는 보이지 않는 그 사람의 광채가 있고 투시력을 지닌 사람들은 이러한 광채를 감지한다고 한다. 이때 그것이 흔히 유행이 지난 구식 모자의 모습으로 그 사람의 머리 위에서 빛난다고 이야기한다. 한 인간의 아우라는 몸에서 이루어지는 생명력의 활동이 완결되는 6-7세가 지나서야 비로소 정신의 눈에 띄는 상태가 된다.

아이들의 그림에서 많이 나타나는 왕관 모양의 삐죽삐죽한 형상들은 이미 언급했다시피 필시 왕관이 아니라, 아이의 내면으로 흘러들어 오는 여러 가지 생명력임이 분명하다. 이 점으로 유추해 보건대 이러한 '모자 형태'는 아이의 내면으로 생명력이 흘러들어 오는 과정이 종결되었음을 표현하는 것이라고 추측해 볼 수 있겠다. 이때 모자는 일종의 왕관 형태를 수평의 선 하나로 분리를 완성하고 있다. 옛날부터 모자는 외계로부터 인간을 끊어내는, 그럼으로써 우주로부터 절연시키는 표현이었다.

[그림 68]

그림 68, 69, 70에서도 이와 같이 좀 더 다르게 변이된 모자 형태를 볼 수 있다.

[그림 69]

[그림 70]

[그림 71]

그림 71은 다른 학령기 아동이 자신을 묘사한 그림이다.
여자아이의 커다란 발은 이제 생명력이 두 다리와 발까지
이르렀음을 말해 준다. 이 그림에서는 바닥이 나타나 있지

않지만, 그럼에도 불구하고 이 아이는 자기가 묘사한 것들에 무게감을 부여할 줄 안다. 이 날 이 아이는 실제로도 깃이 달린 땡땡이 무늬의 옷을 입고 있었다. 이 아이의 얼굴 표정은 꿈꾸는 듯하면서도 동시에 의식적이다. 눈썹도 보인다. 이 아이는 늘 머리를 약간 비스듬히 하고 다녔는데, 그림에서도 그 점이 그대로 나타난다. 그밖에도 아이의 머리는 단발이었다. 이 아이는 사람들마다 특유의 피부색이 있다는 것도 의식하고 있었다. 그래서 얼굴과 팔, 손, 다리 등을 밝은 색으로 그렸다. 그림으로 판단하건대 이 아이 역시 학령기 아동이다.

[그림 72]

그림 72는 굉장히 아끼는 보물이다. 이 그림에 대한 이야기로 일반적인 그림 발달 과정에 대한 서술을 마치려 한다. 이 그림을

그린 아이는 집에서 이 그림을 그려서 학교 입학 전 유치원 고별 파티에 선물로 가져왔다. 이 그림은 학령기 아동이 아니고는 절대로 그릴 수 없는 그림의 요소를 가지고 있다. 그림에서 네 인물은 유치원 선생님들 각각의 개별적인 특성을 보여 주고 있다. 맨 왼쪽 유치원에 실습 나온 올레가 있다. 그는 밝은 톤의 금발에 거의 언제나 갈색 바지와 파란 스웨터를 입고 다녔다. 그 옆에는 올레보다 약간 큰 율레가 있다. 율레는 항상 치마에 스웨터를 입고 다녔는데, 스웨터가 허리를 덮고 있었다. 그녀는 또 안경을 쓰고 있었고, 머리카락은 갈색에 곱슬곱슬했다. 이 두 사람 모두 고개를 약간 비스듬히 하고 다녔다. 그 옆에 잿빛을 띤 금발을 하고 있는 사람이 바로 나다. 이 그림에서 나는 짙은 색 무늬가 있는 연분홍색 긴 옷을 입고 있는데, 당시 나는 이 옷이 유치원에 아주 잘 어울린다고 생각했었다. 맨 오른쪽에 서 있는 사람은 당시 임신 중이던 울라이다. 그녀의 블라우스에서 그녀의 임신 사실이 명확하게 드러난다. 또 그녀는 갈색 머리카락을 중간 정도 길이로 하고 다녔다.

아이들은 학령기로 이행해 가는 과정에서 주변 세계를 아주 작은 부분까지 상세하게 '마치 사진으로 찍어내듯 모사하는' 무의식적 능력을 획득하게 된다. 이러한 무의식적 능력은 다름 아니라 그 시점까지는 육신에 묶여 있던 기억력의 해방으로부터 온 것이다. 만약 아이가 첫 번째 7년 동안 지적인 면에서 과도한 개발에 노출되지 않고 어른들의 활동을 따라할 정도에만 그쳤다면, 그리고 아이가 그림을 그릴 때 어른들이 개입하지 않고 그대로 놓아두었다면(물론 이때 적당한 재료와 적절한 환경이 구비되어 있어야 할 것이다) 이 무의식적 능력은 제때 나타날 것이며 (바라건대) 학교 생활에서 본격적으로 활용될 수 있을 것이다.

다음에 실린 그림들이 묘사하고 있는 내용이 모든 아이에게서 다 나타나는 것은 아니지만, 이러한 측면은 아이들 그림을 좀 더 잘 이해할 수 있도록 해주는 새로운 여러 가지 시각을 열어 준다. 다음에 나오는 그림들을 자세히 들여다보고, 누차 살펴보기를 거듭한 끝에 놀라운 면을 발견했다. 이렇게 새로이 찾아낸 것을 그저 바라보기만 할 뿐 처음에는 해석을 할 엄두가 나지 않았다. 그래서 그것을 오래도록 바라보며, 그림을 그릴 때 아이가 어떤 상황에 있었을 지를 눈 앞에 그려 보려고 했다. 그러자 어느 순간 갑자기 새로운 생각들이 떠오르는 것이었다.

오래 전부터 모아 놓았던 옛날 그림들에서도 이전에는 보지 못했던 새로운 측면들을 포착하고는 했다. 이러한 방식으로 인해 아이들 그림에 대한 연구가 일종의 명상 활동이 되었다. 즉 나는 생명력의 세계, 에테르적 세계와의 합일을 꾀하고, 그린 가운데 아이들 그림이 주는 가르침을 찾아내려고 한다. 이러한 길은 문제를 진지하게 파고드는 사람이라면 누구에게나 열려 있다.

출생의 과정

아이들은 공간상에서 세 가지 서로 다른 방향을 그리는 일이 흔히 있다. 한 지면에 세 가지 방향을 표시하는 경우도 있고, 그림마다 차례차례 각기 다른 방향을 그리기도 한다. 많은 아이가 이러한 작업을 하고 있는 것을 직접 보아 왔다. 그런데 아이들이 다른 방향의 그림을 그린다고 해서 종이 자체를 돌리는 일은 한 번도 없었다. 아이들 자체가 이러한 방식으로 그림 그리기를 원했다.

서투르게 선을 긁적이는 단계에서 아이는 자신이 공간상에 떠 있다고 느낀다. 세상에 나오려고 할 때 아이는 공간상에서 방향을 바꾸어야 한다. 즉 처음에는 머리를 아래로 하고 있다가, 몸을 돌려 수평 상태를 취하고, 마침내 머리를 위쪽으로 향하게 해야 한다. 바로 이것이 출생 당시 일어나는 일의 과정이다.

[그림 73]

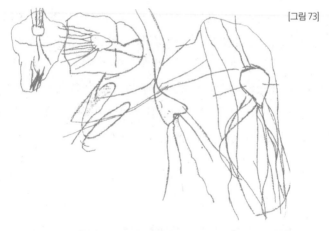

그림 73을 보면 수평으로 누워 있는 사람, 그리고 수직으로 서 있는 두 사람이 각각 주머니에 싸여 있다. 그런데 아래쪽을 향해 있는 사람은 다르다. 이 인물의 경우 머리가 아래쪽을 향하고 있는데, 이러한 머리의 방향은 아이가 아직 중력에 포획되지

않고, 모체 안의 양수 속에서 떠 다니고 있다는 것을 암시해 준다. 아이가 세상에 태어나서 설 수 있게 될 때에야 비로소 중력의 지배를 받게 된다. 누워 있는 인물과 서 있는 인물들이 주머니 같은 것 속에 들어가 우주와 경계선을 긋고 있는 것도 바로 이러한 이치에서이다. 그밖에도 누워 있는 인물과 서 있는 인물들은 파란색과 연보라색의 어두운 톤으로 그려져 있는 데 비해, 아래를 향하고 있는 인물은 빨간색으로 그려져 있다.

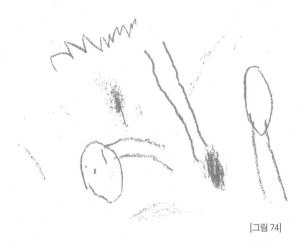

[그림 74]

그림 74의 중앙에는 아주 높은 데서 내리꽂히는 움직임이 나타나 있다. 아이는 마치 유성처럼 머리를 앞으로 하고 기다란 한 쌍의 다리를 꼬리처럼 단 채 지상을 향해 돌진한다. 왼편에 있는 아이는 모체에서 나와 수평으로 누워 있다. 그림 오른편에서는 수직 방향으로 서 있는 인물을 볼 수 있다. 아직

태어나지 않고 양수 속에서 부유하고 있는 인물의 경우 윤곽선이 노란색이고 안쪽은 빨간색으로 칠해져 있는 반면, 나머지 두 인물은 연보라색의 어두운 색조를 띠고 있다. 이 그림을 그릴 당시 아이의 나이는 세 살이나 네 살 정도였다.

그림 73과 74는 구성이나 색 선택 면에서 서로 닮았다. 그러나 이 두 그림은 서로 다른 두 아이의 것이고, 더욱이 이 두 아이는 같은 유치원에 다니지도 않았다.

[그림 75]

그림 75는 두 살 10개월 된 러시아 아이의 그림이다. 아래를 향해 있는 인간 형상과 수직 방향으로 서 있는 인간 형상은 국제적으로 공통적인 현상임을 알 수 있다. 왼쪽에 보이는 두 인물은 머리를 위로 향하고, 다리가 길며, 리드미컬하게 그려진 두 개의 사다리로 에워싸여 있다. 여기에서 사다리는 수직 방향의 척추를 의미한다. 오른쪽에 보이는 아이는 아래 방향으로

나아가려는 움직임을 보이는데, 앞쪽에는 머리, 뒤쪽에는 다리가 있다. 이 그림에는 누워 있는 인물은 나타나지 않는다.

경우에 따라서는 아래를 향하고 있는 인물의 두 다리를 나선으로 그려진 두 개의 머리라고 볼 수도 있을 것이다. 왜냐하면 둥글게 그려진 두 발의 윗부분에 옴폭 들어간 두 개의 지점이 있기 때문이다. 우리가 앞서 기술한 바에 따르면, 이 지점은 바로 생명력이 흘러들어 오는 곳이다. 이렇게 보면 이 그림을 그린 아이는 한 그림 안에서뿐만 아니라, 한 윤곽선의 틀 안에서 두 가지 인물의 요소, 즉 아래로 내려가려는 인간과 수직 방향으로 서 있는 인간을 묘사하고 있는 셈이다.

[그림 76]

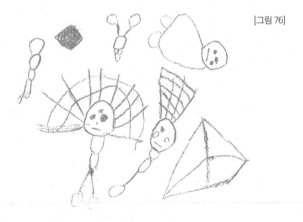

그림 76을 그린 아이는 대략 5-6세 된 아이이다. 이 그림에서는 공간상에서 서로 다른 다섯 가지 방향을 확인할 수 있다. 지면 중앙 위쪽에 보이는 아이는 머리를 앞으로 하고 두 개의 커다란

발을 위로 하고서 아래로 향해 가고 있는 중이다. 그 오른쪽 옆의
누워 있는 아이에게는 머리와 몸통, 두 발이 있다. 중앙에서는
약간 오른쪽 아래로 반쯤 일어선 인물이 있는데, 이 인물에게는
다리가 하나이다. 왼쪽 상단에 있는 조그만 인물은 두 다리를
아래로 향하고 있고, 앞에 말한 인물보다 좀 더 수직에 가깝게 서
있다. 중앙에서 왼편으로 있는 인물이 이 그림의 주인공이다. 이
인물은 거의 수직으로 서 있다.

이 그림에서 누워 있는 한 인물과 수직 방향으로 서 있는 두
인물을 보면, 얼굴에 두 개의 눈과 입 외에 이마에 세 번째 눈이
그려져 있다. 주인공 격인 마지막 인물의 경우에는 얼굴 한가운데
코를 나타내는 작은 점까지 있다. 여기서 세 번째 눈이 사실은
위치가 잘못된 코라고 가정하는 것은 잘못 짚은 것이다. 주로
인지학에서 이야기하고 있는 대로 과거에는 모든 사람에게 예외
없이 '세 번째 눈'이 존재했다. 그것은 과거에 인간은 투시력을
가진 존재였고, 오늘날 대다수 사람에게는 보이지 않는
초감각적 세계를 인지할 수 있었다는 것을 말해 주는 요소이다.
많은 아이가 대여섯 살 때부터 이러한 세 번째 눈을 그려 넣기
시작한다. 이러한 양상은 아마도 아이들이 태어나서 처음 몇
년 간은 그러한 인지 기관이 아직 남아 있다는 사실과 연관이
있는 것 같다. 어떤 사람을 꿰뚫어 보고, 본질적으로 그의 정체가
무엇인지를 알아내는 아이의 시선만 생각해 봐도 알 수 있는
사실이다.

그림 76의 경우 생명력은 머리 주위의 빛줄기 같은 형태로 나타나 있다. 고대 문화권들에서는 통치자를 흔히 그런 식으로 그렸는데, 통치자들이 이러한 힘으로 정신세계와 연결되어 있다는 것을 사람들이 인식하고 있었기 때문이다. 오늘날에도 아이의 경우는 사정이 이와 비슷하다.

아이는 세상에 태어나기 전의 삶으로부터 우주의 체험들을 지니고 오며, 이러한 우주의 체험들이 서투른 선 그림의 단계에서 그림을 통해 표현된다는 것은 이미 앞에서 논의한 바 있다. 볼프강 그뢰칭어도 이러한 측면을 지적했다. 인지학에 대해 이해한 바에 따르면, 인간은 이미 지상에서 여러 차례의 삶을 거친 존재일 가능성이 있다. 그렇다면 '아이가 그림을 통해 다른 문화권에서의 체험들도 묘사하지 않겠는가' 하는 물음이 생긴다. 아닌 게 아니라 다른 종족들의 그림이나 예술품들에서 나타나는 특정 요소들을 아이들 그림에서 다시 보게 되는 경우가 있지 않은가? 예컨대 다른 문화권의 인물상들이 머리에서 뻗어 나오는 강렬한 빛줄기 같은 것을 지니고 있는 경우를 종종 보게 된다. 더욱이 뒷 장의 사진(180쪽)과 같은 아프리카의 인물상을 보면, 아이들이 머리에 옴폭 들어가게 그리는 부분에 다른 표지가 더 있음을 알 수 있다. 이 조각상을 그림 76의 아래쪽 두 인물과 비교해 보면, 놀랄 정도로 유사한 점을 쉽게 발견할 수 있다.

첫 번째 치료 사례

뒤에 실린 세 장의 그림 77, 78, 79는 아이들 그림에서 알아낸
것이 어떻게 치료에도 쓰일 수 있는지를 보여주는 범례가 된다.

닐스는 다섯 살 반으로 자신을 극도로 강렬하게 표현한다.
자기 또래에 비해 지나치게 힘이 셌다. 아이에게 접근하는
것은 어려웠지만, 용케 접근해 보면 팔에 벌써 어지간히 근육이

형성된 것을 볼 수 있을 정도였다. 닐스는 우리와 악수를 하기 위해 손을 내민 적도 없고, 노래를 주고받는 놀이를 할 때에도 그 누구의 손도 잡으려 하지 않았다. 이러한 성향은 그의 모든 그림에서도 확인되었는데, 그의 그림에는 기본적으로 팔과 손이 없다. 그 아이가 그린 그림 77에서 가장 눈에 띄는 점은 발이 매우 크다는 것이다. 여기서 두 발은 몸통이나 머리, 요정 모자와 똑같이 '나무-인간 그림'의 의지 요소로 이루어져 있고, 이 소년의 물리적 힘들과 비례한다. 몸통에는 심지어 목까지 그려져 있고, 몸통이 지면 전체를 채우고 있다. 이러한 점은 닐스가 실제 덩치는 작음에도 불구하고 자신을 얼마나 크게 느끼고 있는지를 단적으로 드러내 준다.

[그림 77]

그림 77을 그린 바로 다음 날 닐스는 그림 78을 그렸다. 그림에서 순전히 힘만 써서 자기 둘레를 벽으로 둘러쳤다. 온갖 색들을 동원하여, 검정 색연필도 없이 순전히 자기 내면의 강렬한 의지를 한껏 발휘하는 것만으로도 검정색을 만들어 냈다. 중앙에 앉아 있는 것은 바로 아이 자신인데, 아이는 몸집은 작지만 의지가 강한 난쟁이의 모습을 하고, 머리에 요정 모자를 쓰고 있다. 여전히 팔도, 손도 눈에 띄지 않는다.

[그림 78]

그림에 팔이 없는 이유가 닐스의 생명력이 아직 팔의 형성 작업을 완료하지 않았기 때문이라는 것을 우리는 알 수 있다. 그것은 아마도 닐스의 영혼이 그러한 작업을 차단하고 있었기 때문이었을 것이다. 그래서 우리는 급기야 결단을 내리게 되었는데, 그림을 그리기 전에 손뼉을 치는 놀이를 해서 닐스의 손을 따뜻하게 덥혀 주기로 한 것이다. 처음에 닐스는 이 놀이에 전혀 동참하려고 하지 않았다. 그러나 결국 다른 아이들과 함께 손뼉을 치게 되었다.

어떤 결과가 나올지 귀추를 주목하고 있었다. 이것은 루돌프 슈타이너가 정립한 인간상을 기초로 한 아이에 관한 지식을 아이의 그림과 관련해서 구체적인 행동과 연결하는 첫 시도였다.

[그림 79]

이러한 첫 시도는 실제로 성과가 있었다! 그림 79는 손뼉 치는 놀이를 한 뒤에 나온 그림이다. 닐스가 생애 처음으로 자신의 팔과 손을 그린 것이다. 팔과 손이 그렇게 힘차 보이지는 않지만,

다리와 발이 조화와 균형을 이루고 있고, 그래서 이제 다리와 발이 지난 번 그림에서보다 주도권을 적게 행사하고 있다.

또 전에는 눈과 입이 있어도 그 위에 덧칠을 하거나 분명하지 않게 그렸는데, 이 그림에서 처음으로 비로소 얼굴에 또렷한 눈과 입이 앉혀졌다. 그래서 전체적으로 인물이 예전보다 훨씬 더 조화로웠다. 빨간색의 기다란 두건은 두툼한 빨간 모자로 발전했다. 다른 그림들에 나오는 빨간 '요정 모자'가 어쩌면 에테르적 생명력의 표현이 아니었을까 하는 생각이 스친 것은 나중의 일이었다. 닐스가 모자를 유독 눈에 띄게 그려서 표시할 수밖에 없었던 것은, 닐스의 영혼이 생명력이 정상적으로 유입하는 것을 막고 있었기 때문이라는 것을 우리에게 주지시키고자 했던 것은 아니었을까?

학령기 이전 아이의 영혼의 삶은 아이가 처해 있는 환경에 매여 있으며, 아이는 이러한 환경을 모방한다는 사실을 우리는 알고 있다. 또한 닐스가 수작업을 하는 아버지와 늘 함께 일한다는 사실도 알고 있었다. 이 아이가 일하는 아버지와 함께 있는 것은 기본적으로는 이상적이다. 그러나 이 아이에게 자신의 신체적 능력을 훨씬 초과하는 과제들이 맡겨지고 있다는 인상을 받았다. (그림 79) 바로 이러한 점으로 인해 그의 완력이 아주 셌던 것이다. 혹시 이러한 상황이 아이에게 극심한 부담이 되지는 않았을까? 그래서 아이가 마지막 그림에서 약간 근심스러운 표정으로 자기 상황을 들여다보고 있는 것은 아닐까?

다음에 나오는 그림들에서는 아이들이 스스로 체험한 일련의 고통들을 표현하고 있다. 아이들은 통증이 사라졌을 때 비로소 아팠던 기관을 그림으로 표현한다. 영혼의 삶도 엄연히 고통을 겪을 수 있는 인간의 한 부분이다. 생후 첫 7년 동안 이러한 영혼의 삶은 생명력이 작용하고 있는 기관들과 밀접하게 연결되어 있다. 즉 이 첫 7년 동안 그림 그리는 힘을 조율하는 생명력과 아이는 무의식적으로 연결되어 있기 때문에, 아이는 자신이 체험한 고통을 그림으로 표현할 수 있는 것이다. 학령기가 되면 이러한 능력은 거의 완벽하게 사라진다.

귀에서 느낀 통증

[그림 80]

그림 80의 주인인 네 살배기 남자아이 유네는 두 쪽 귀가 다 아팠던 경험이 있다. 이 아이는 다 나은 뒤에 이렇게 귀를 이상한

형태로 그렸다. 그 시점에 생명력이 작용하고 있었던 몸통과 똑같이 귀도 노란색이다. 아픈 곳이 있으면 이 부분의 치유 과정에 생명력이 추가로 더 보내어진다.

[그림 81]

네 살 여자아이 로레가 그림 81에서 "아우, 귀가 아파"라고 말하고 있다. 로레는 몸이 아팠는데, 귀가 특히 아팠었다. 유치원에 다시 나오게 된 첫날 로레는 이 그림을 그렸다.

아이들은 지면에 자기 몸을 그릴 때 오른쪽 부분을 보통 오른쪽에 그린다. 이러한 점은 어른들이 거울에 비친 모습으로 자신을 그리는 것과는 대조적이다. 양쪽 폐를 그린 그림 28(115쪽)과 29(116쪽)에서도 이러한 사실을 확인할 수 있다.

[그림 82]

그림 82를 그린 아이는 눈가에 수두가 돋았고, 그로 인해 염증이 생겼던 경험이 있다. 하지만 나는 그 사실을 몰랐었다. 유치원에 다시 나오게 된 첫날 이 그림의 주인공인 남자아이는 동일한 모티브의 그림을 두세 점 그렸다. 나는 그 아이의 어머니에게 무슨 특별한 일이 있었는지를 물었고, 그 아이가 아팠던 사실을 들음으로서 그 이면의 이야기를 알게 되었다. 두 눈에 커랗게 십자 모양을 그려 넣은 것은 자아를 표현한 것이다. 이러한 표현은 아이가 병을 앓은 다음에 흔히 뒤따라 나오는 일종의 각성 상태를 나타내는 신호이다.

예전에 행동이 아주 거친 세 살짜리 크리스티안이라는 남자아이가 있었다. 이 아이는 그림 83에서 보듯 강렬한 의지의 형태가 선을 긁적이는 단계에 있음을 말해 주고 있다. 어느 날

크리스티안의 눈에 모래가 들어갔다. 아이는 고래고래 소리를 질렀고, 우리는 그 아이를 도저히 달랠 수가 없었다. 그 정도로 그렇게 심하게 아팠다는 것이 우리로서는 좀 의아했다. 그 일이 일어난 뒤 바로 그날 아이들에게 그림을 그리도록 했는데, 크리스티안이 내민 아래 그림을 보고 매우 놀랐다.

[그림 83]

[그림 84]

　아이의 나이로 보자면 그림 84는 완전히 '주소를 잘못 찾은' 것이었다. 크리스티안이 그린 이 그림에서는 머리와 눈, 치아, 목, 몸통, 커다란 팔과 손, 커다란 다리와 사각형 모양의 발이 있는 사람의 모습이 있었다. 도대체 어떻게 세 살짜리 아이가 불현듯 여섯 살짜리 아이처럼 그릴 수 있었을까? 이에 대해 크리스티안은 자신이 그림 그림이라고 주장했다. 이 연령대의 아이가 하는 말은 보통 진실이다.

　그때 마침 한 쪽 눈에 덧칠이 되어 있는 것이 눈에 띄었다. 이러한 덧칠은 분명 눈에 모래가 들어가서 대단히 아팠던 아침의 사건을 말해 주는 것이었다. 그런데 갑작스럽게 완전한 인간의 전체 모습을 그릴 수 있게 된 것은 어떤 연유일까? 왜 머리카락과 모래가 가득 들어간 눈만을 그리지 않은 것일까?

　다른 그림의 사례들에서도 아이의 그림에 그 아이의 신체적 고통이 표현되는 경우를 종종 확인한다. 그때서야 나는 크리스티안이 왜 그토록 크게 소리를 질렀는지 이유를 알게 되었다. 작은 모래 알갱이 하나가 그의 눈 깊숙이 들어갔던 것이다. 어쨌든 고통이 너무 심해서, 자신의 몸 전체를 생애 처음으로 의식하게 된 것이었다. 고통은 항상 의식을 깨우는 법이다. 어떤 기관이 아픈 다음에야 비로소 우리는 그 기관이 있음을 발견하는 것이다.

며칠 뒤 크리스티안이 그린 그림은 다시 선을 긁적이는 단계로 되돌아가 있었다. 이러한 사실은 매우 특기할 만하다.

목 통증

[그림 85]

그림 85에서 이처럼 머리를 크게 그린 5-6세가량 된 남자아이는 말할 때 늘 목청을 한껏 높였고, 또 얼굴을 그릴 때에도 코를

아주 크게, 그리고 입도 크게 그렸다. 한번은 유치원에서 작은 헝겊 인형을 만들었는데, 점을 두 개 찍어서 눈을 표시했고, 작은 선을 하나 그어서 입을 표시했다. 그런데 이 아이는 막무가내로 이 인형에 자신이 늘 그리는 것과 같은 크기로 입을 표시하고 코도 표시하려고 하였다. 그때 우리는 이 아이에게 폴립(용종)들이 있다는 것을 알아차렸다. 이 그림의 코 부분에서 그러한 사실을 읽어낼 수 있다. 같은 이유로 이 아이는 청력이 좋지 않았기 때문에 말을 할 때에도 늘 유난히 크게 목청을 높였던 것이다. 그리고 그런 이유로 인해 입은 크고, 귀는 없다.

코와 입만 있고 머리 부분이 크다는 사실 이외에도 이 그림에서 목이 길고, 거기에는 또 두 개의 단추 같은 것이 달려 있고, 위처럼 생긴 이상한 형태의 물건이 달려 있는 것을 볼 수 있다. 여기에서 이 아이의 편도신이 부어 있다는 것(목 양쪽에 붙어 있는 단추)도 알 수 있는데, 이 부위가 심하게 아팠던 것이다. 주머니처럼 생긴 위가 또렷하게 그려져 있고, 위 주변에 여러 개의 형태들(아마도 위 부근에 있는 간, 신장, 비장, 췌장, 대장 따위 기관들일 것이다)이 있는 것을 보면, 이 부위 어딘가도 아팠던 것으로 추정된다. 인간의 위와 간, 비장, 신장을 그래픽으로 그린 후의 도판과 이 아이의 그림을 비교해 보면, 형태나 배치 순서가 비슷한 것을 알 수 있다.

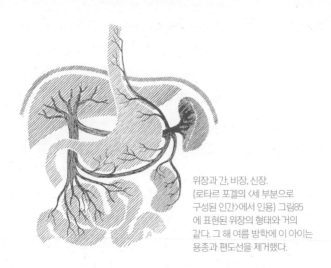

위장과 간, 비장, 신장.
(로타르 포겔의 〈세 부분으로
구성된 인간〉에서 인용) 그림85
에 표현된 위장의 형태와 거의
같다. 그 해 여름 방학에 이 아이는
용종과 편도선을 제거했다.

대장 통증

이 책을 쓰면서 그림 86이 전에 나왔던 아이의 그림과 같은
아이의 그림이라는 사실을 발견하게 되었다. 수년 동안 강연을
하면서 마무리할 때마다 이 그림을 보여 주는데, 이 그림에는
이해할 수 없는 독특한 형태들이 들어 있기 때문이었다. 이
그림에서 제일 큰 두 개의 형상을 보면, 형태들이 이루는 리듬이
같다는 것을 알 수 있다. 세어보면 튀어나온 부분이 11개이고,
튀어나온 양상은 서로 비슷하다.

이 두 형상에서 이처럼 동형의 리듬이 반복되고 있는데, 이것은 결코 우연이 아니라는 것은 분명히 알 수 있었다. 또 다른 기관이 지니고 있는 규칙성이 여기에 제시된 것이었다. 그렇다면 어떤 기관일까?

[그림 86]

이 그림이 그려진 지 약 25년 뒤인 1990년 어느 날 로스킬데 인근의 한 발도르프 유치원의 학부모 저녁 모임에서 강연을 할 때였다. 거기에는 마침 간호사가 한 명 있었는데, 그녀가 이 수수께끼를 풀었다. "그것은 대장의 종단면과 횡단면이에요" 그러고 나서 몇 달 뒤 다시 아이들 그림에 대해 이야기를 나눌 기회가 있었는데, 이번에는 의사가 간호사가 했던 말이 맞다는 것을 확인해 주었다.

[그림 87]

이 아이가 그린 것이 대장의 형태들과 용종, 편도선이라는 것을 확인하고 난 뒤, 다른 그림(그림 87)도 다시 보았다. 여기에도 몸통 약간 아래로 장과 비슷하게 생긴 튀어나온 부분 하나가 있고, 거기에 또 반원 모양의 다른 형태가 많이 있는 것을 볼 수 있었다. 그때까지는 그 반원의 형태들이 무엇을 뜻하는지 몰랐다. 이 그림에서 아이는 분명 자신의 장 곳곳에서 느껴지는 불규칙한 현상들을 새로운 방법으로 드러내 보였던 것 같다. 이 세 점의 그림 모두에서 나타나는 튀어나온 모양들 사이에는 일정한 유사성이 있다는 사실을 그때서야 포착하게 된 것이다. 이 부분에 대해서도 비교를 위해서 하복부 기관들을 그린 도판을 싣는다.

이 도판으로 인해 그림 85-87에서 보이는 형태 언어의 의미가 명확하게 드러난다.

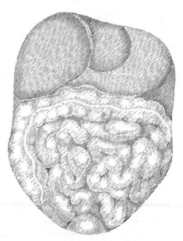

하복부 기관들. 왼쪽 상단이 간이고, 오른쪽이 위장이다. 그 아래에는 가운데 부분의 소장을 한 바퀴 빙 둘러서 구부러진 모양이 두드러지는 대장이 있다.(로타르 포겔의 〈세 부분으로 구성된 인간〉에서 인용) 이 아이의 그림(그림87)을 나란히 놓고 보면, 활처럼 휜 형태가 같다는 것을 알 수 있다.

[그림 88]

그림 88은 동료의 집에서 본 그림이다. 이 그림에서는 치아와 눈이 두드러지게 강조되어 있다. 이 아이는 머리를 그네에 부닥쳐서 이 하나가 빠진 일이 있었다. 가운데에 있는 구부러진 형태는 윗부분이 예각을 이루고 있는데, 그네에 부닥쳤던 척추를 나타내는 것으로 볼 수 있다. 이 그림에서 유난히 강조된 눈은 타고난 장애와 관련이 있다. 실제로 이 아이는 눈꺼풀에 결함이 있었고, 아이는 이러한 장애를 늘 이런 식으로 표현했다.

[그림 89]

그림 89를 그린 아이는 아주 어릴 때부터 치열 교정을 위한 보철을 했었다. 어른들은 아이들이 입 안에 기구를 해도 금방 적응한다고들 말하지만, 이 그림을 보면 교정틀이 이 아이에게 몹시 불편했다는 것을 알 수 있다. 코도 매우 강조되어 있는데, 아마도 치아를 조이는 틀이 호흡을 방해했음을 암시하는 것 같다. 그 아래로 가운데 부분에 위가 크게 강조되어 있다. 흔히 복강 신경 다발이라고 불리는 기관 주변이다. 보통 스트레스를 받으면, 이 부위에 통증을 느낀다.

이러한 몇 가지 사실은 요컨대 치아 교정틀이 아이 주변의 어른들이 생각하는 것 이상으로 아이의 편안한 기분을 심각하게 상하게 한다는 것을 암시해 준다.

[그림 90]

이 그림을 그린 여자아이는 난생 처음으로 치과에 가서 치아 하나에 구멍을 뚫는 치료를 받는 경험을 했다. 그 이튿날 이 아이는 이 그림에서 보듯 치아를 심하게 강조했고, 아래턱을 크게 그렸다. 입이 과도하게 크게 그려진 것으로 봐서, 이 아이는 마취를 했었음에 분명하다. 위장은 머리와 나란히 앉혀져 있는데, 아마도 이 여자아이는 치과 치료용 의자에 누워 있으면서, 자기 신체에 대한 색다른 느낌을 느꼈던 것으로 보인다.

[그림 91]

사고를 당한 경우 아이가 무엇을 그리는지는 늘 주의 깊게 봐야 한다. 그림 91을 그린 아이는 떨어져서 팔이 부러진 경험이 있다. 오른쪽 팔의 꺾인 선에서 이러한 사실을 볼 수 있다. 다른 쪽 손과 몸통 전체, 두 다리가 두드러지게 강조되어 있는데, 아마도 떨어졌을 때 몸 여러 곳이 아팠던 모양이다. 실제로 부러진 곳은 팔뿐이었다.

그림 92를 그린 남자아이는 양손 손가락이 문에 낀 적이 있다. 한 손은 여섯 개의 손가락이 있고 다른 한 손은 다섯 개의 손가락이 있다. 이 그림을 본 어른들이 양손의 손가락 수가 다르다는 점을 아이에게 주지시키지 않았기를 바란다. 왜냐하면 이러한 차이는 다름 아니라 손가락 여섯 개로 표현한 오른손이

이 아이에게는 훨씬 더 아팠다는 것을 말해주는 신호일 수 있기 때문이다.

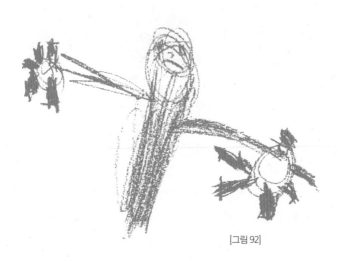

[그림 92]

그리고 또 아이들은 손에 손가락을 그려 넣을 때 개수를 잘못 그려 넣는 일이 비일비재하다. 그것 때문에 걱정할 필요는 없다. 아이들은 어느 시점이 되면 손가락 개수가 몇 개인지 알게 되기 때문이다. 그리고 스스로 알아낸 것이 남에게 설명을 들어서 안 것보다 훨씬 더 가치가 있는 법이다.

[그림 93]

우리가 이 책에서 살펴볼 마지막 사례인 그림 93은 한 쪽 다리가 태어날 때부터 짧고, 이 때문에 발이 안쪽으로 돌아간 여섯 살 가량 된 여자아이의 그림이다. 이 아이는 그 외에 양팔도 역시 크게 차이가 났다. 한쪽 팔이 태어날 때부터 몸에 달라붙어 있어서, 뻗을 수가 없었다.(다른 한쪽 팔은 정상적으로 발달되었다) 이러한 사실은 그림에 나타난 양팔의 크기의 차이에서도 알 수 있다.

수술을 받기 전에 이 여자아이가 그린 그림들은 매우 혼란스러웠다.(그림 94, 95 참조) 인물이 땅과 연결되지 않고 공중에 떠 있다. 모든 그림에서 항상 나오는 단 하나의 요소는 양팔의 차이이다. 두 다리는 다소 기형적으로 뭉쳐져 있다.

몸통에 단단하게 붙어버린 아이의 팔을 수술하기로 결정이 내려졌다. 문제의 팔이 자유롭게 움직일 수 있도록 정상적으로 발달한 다리의 허벅지에서 피부를 떼어내 그 팔에 이식하는 수술이었다. 또 짧은 다리를 위해서 정형외과용 신발을 제작해서 두 다리의 길이가 똑같아지도록 했다. 그래서 아이는 걸을 때 이제는 발을 안쪽으로 구부릴 필요가 없어졌다.

[그림 94]

[그림 95]

다시 유치원에 나오기 시작했을 때 이 아이의 걷는 모습은 완전히 정상이었다. 그래서 우리는 아이 몸의 변화를 그림을 통해서도 확인할 수 있을지 촉각을 곤두세우고 있었다. 과연 그런 일이 일어나려는지! 첫날 벌써 아이는 그림 96과 97을 완성했는데, 예전과는 필치나 안정성 면에서 완전히 달랐다. 이 그림들에서 아이는 양팔의 길이가 같다는 것과 양팔을 다 뻗을 수 있다는 면을 강조하고 있다. 두 그림 모두에서 다리와 발이 땅을 수직으로 딛고 서 있으며, 양쪽이 땅에 닿은 모습이 일정하다. 눈은 크고 그 가운데 작은 점이 하나씩 있다. 즉 자아 표지가 나타난 것이다. 결론적으로 이 아이에게 수술은 깨어나의식을 찾는 과정과 연관된 것이었음에 틀림없다. 그림 97에서 입과 코를 유난히 강조하고 있는데, 이는 마취하는 동안 입과 코를 덮고 있었던 에테르 마스크에 대한 기억으로 추측해 볼 수 있다. 이 그림에는 또 리드미컬한 요소가 두드러지게 나타나 있다. 인물 주위에 있는 빨간색 둥근 형태들과 얼굴 안에 있는 녹색 점들로 인한 것이다. 이러한 요소들은 아마도 마취 상태가 지속되는 동안 호흡에 영향을 받았던 경험에 대한 표현인 것으로 여겨진다. 그림 97에서도 이러한 마취의 효력을 확인할 수 있다.

[그림 96]

이 아이는 이제 지면 전체를 강렬한 색으로 꽉 채울 수 있게 되었고, 이러한 능력은 이 연령대 아이의 정상치에 해당한다. (그림 97의 배경이 원 그림에서는 노란색이다)

안정된 몸의 형태로부터 이제 생명력이 아이 몸에서 완전히 다른 양상으로 작용할 수 있게 된 것이다.

[그림 97]

그러나 가장 흥미로운 그림은 그림 93(201쪽)이다. 그림의 필치가 확실하고 형태가 명료한 것을 보면, 수술 후에 그려진 그림이라는 사실을 알 수 있다. 그렇지만 가는 다리에 비스듬한 발, 굵은 다리에 커다란 발이 그려진 것으로 봐서 수술 전 아이의 상태라는 것을 알 수 있다. 요컨대 한 그림 안에 수술 전의 요소와 수술 후의 요소가 동시에 포함되어 있는 것이다.

이 그림이 수술 후에 그려진 것이라는 사실을 말해 주는 요소가 그밖에 또 있다. 작지만 명료한 세부 묘사인데, 왼쪽 허벅지에 파란 선이 하나 있다는 점이다. 이것을 이 책을 교정할 때에야 발견했다. 이 부분은 수술하는 동안 피부를 떼어낸 곳이다. 그리고 오른팔에 빨간색 가로선이 있는데, 이 부분은 새로운 피부가 이식된 곳이다.

얼굴도 역시 달라졌다. 자아를 표시하는 부분들이 작아지고, 코와 입에는 에테르 마스크의 흔적이 사라졌다. 이 그림이 수술 뒤 처음 그린 두 점의 그림보다 나중에 그려졌다는 점을 시사하는 요소이다. 나아가 이 아이는 자기 자신뿐만 아니라 자기가 처해 있는 환경도 더 많이 의식하게 되었는데, 자신이 딛고 서 있는 땅뿐만 아니라 파란 하늘과 노란 태양까지 그린 것에서 그러한 사실을 읽을 수 있다. 이전의 그림들에서는 이러한 형태들을 만든 적이 아예 없었다. 노란색 빛이 태양에 아주 근접해 있는 머리카락과 몸통에 두루 스며들어 있다. 에테르적 생명력이 이 아이의 몸 곳곳에 더 잘 흐를 수 있게 되었음을 말해 주는 측면이다.

한 마디로 이 그림들은 수술 덕분에 자신의 몸과 환경 모두에 대해 완전히 새로운 관계를 맺게 된 아이의 모습을 보여 준다. 여기서 중요한 것은, 이 아이가 그림 그리기를 통해 수술 전과 후의 상태를 재현할 수 있었다는 사실이다. 아이가 수술 전 자기 몸에 대해 겪은 체험이 수술로 인해 제거되는 것은 아니다. 아이는 이러한 수술 전 체험을 앞으로도 평생(수술 전에 이미 기관들을 형성해야 했던 생명력 때문에) 지니고 있을 것이다. 이렇게 아이가 저 심층에 있는 자신의 내적 본질에서 끌어올린 놀라운 이야기를 우리에게 들려주는 것도 태어나서 첫 7년에 한정된다. •

　아이들 그림이 품고 있는 비밀이 가득한 세계에 발을 들여놓고 싶은 사람은 자신의 눈과 영감, 사색에 기대어야 한다. 그러면 점차 이러한 형상에 담긴 수수께끼 같은 언어에 대한 감각을 발달시키게 될 것이다. 마치 정원사가 자기가 키우는 식물들에 대해 알고 있어서 그 식물들 속에 무엇이 잠재되어 있는지를 즉각 알아차릴 수 있는 것과 같은 이치이다. 즉 그 대상에 몰두할수록 더 많은 것을 열어 보여 준다.

　아이들 그림을 아이들 시각에서 밝혀 보고자 하는 사람은 아이들 그림을 따라 그려 보는 것이 좋다. 단 이러한 일은 아이들이 옆에 없을 때 해야 한다. 이렇게 아이들 그림을 그대로 따라 그릴 때, 시선은 선 하나하나를 쫓아야 하고, 팔은 색연필과 함께 경쾌하고 활기차게 날듯이 움직여야 한다. 그렇게 해야 아이들이 그림을 그릴 때 경험하는 운동감, 힘, 동력 따위에 대한 인상을 가질 수 있다.

　아이들 그림은 아이들이 몸집 작은 어른이 결코 아니라는 사실을 웅변해 준다. 아이들을 작은 어른이라고 생각한다면, 올바른 그리기에 대한 케케묵은 어른들의 지식과 지침들로 '작은 어른'의 머리를 가급적 빨리 채우려 할 것이다. 그러나 아이들이란 본래 그 집단만으로 하나의 작은 종족이다. 이들은 각기 다른 나라에서 살며, 우리가 이미 오래 전에 망각한 삶의 영역들과 밀접하게 연결되어 있는 존재이다. 이러한 아이들에게 모든 것을 다 설명해줌으로써 아이들을 너무 일찍 이러한 이상향으로부터 몰아내서는 안 되지 않겠는가!

우리는 늘 눈을 크게 뜨고서 아이들 그림에 감추어져 있는 지혜의 샘을 주의 깊게 살펴야 한다. 이러한 지혜의 샘은 발견될 때만을 기다리고 있다. 그래서 지혜의 샘을 발견하고 나면, 이 마법의 땅을 들여다보고, 어린아이라는 존재가 무엇을 의미하는지 좀 더 잘 파악하게 되는 일도 간혹 일어날 수 있다. •

유치원에 등원한 아이들 중 많은 아이가 그림을 그리겠다며 화구가 갖춰진 책상에 앉고는 합니다. 등원하자마자 가장 먼저 하는 일이 그림을 그리는 일인 아이가 있는가 하면 어떤 아이는 친구들과 한참을 어울려 놀다 자신만의 들숨 호흡이 필요한 순간에 그림을 그리기도 합니다.

하얀 도화지를 앞에 두고 앉은 아이들은 순식간에 깊은 집중력으로 도화지에 색을 채워 나갑니다. 알 수 없는 선을 무질서하게 그려 넣는 아이, 자신의 마음속에 떠오른 어떤 상을 꼼꼼하게 채워 나가는 아이, 혹은 기억의 한 자락을 끄집어내듯 상을 그리는 아이 등 그림을 그리는 아이들의 모습은 제각각이지만, 그 진지함과 집중하는 태도는 크게 다르지 않습니다. 누군가가 억지로 그림을 그리게 했다면 절대 그런 모습을 보여줄 수 없을 것입니다. 유아기 아이들의 놀이가 자발성과 주도성으로 행해지듯 그림 또한 자발성과 자기 주도성을 갖고 그려야 합니다. 이렇게 자유로움 속에서 그려진 아이들의 그림은 아이가 말하지 않아도 아이의 마음 상태나 몸의 상태를 그대로 반영해 보여 줍니다.

만 3세밖에 되지 않은, 난화기에 머무는 아이의 그림조차도 어느 날은 "나 지금 속상해요."라고 말하기도 하고 어느 날은 "나는 기분이 아주 좋아요."하기도 합니다. 무질서하면서 복잡한 선 그림이 다른 색으로 표현되며 다른 기분 상태를 보여 주는 것이지요.

그림은 때로 아이 자신에게 카타르시스를 경험하게도 합니다. 아침에 부모나 형제, 자매간에 있었던 좋지 않았던 불쾌한 경험으로 잔뜩 찌푸리거나 눈물의 흔적을 보이며 등원한 아이가 아침인사를 마치자마자 그림을 그리겠다고 앉더니, 열심히 도화지를 채워 나가면서 그 감정의 찌꺼기들을 다 날려버린 것처럼, 그림을 다 그리고 난 뒤에는 아주 밝은 표정이 되어 다른 아이들의 놀이 속으로 들어갑니다. 아마도 그림 그리는 과정 속에서 스스로의 감정이 정리되었거나 혹은 그 감정들을 잊어버릴 수 있을 만큼이나 그림에 집중하기 때문일 것입니다. 그림은 그렇게 아이들에게 작은 마법과 같은 역할을 하기도 합니다.

또한 그림은 나이에 따른 아이들 몸의 발달을 그대로 투영하듯 보여 줍니다. 세포가 하나씩 늘어가는 듯 보이는 리듬적 요소를 그림으로 표현하기도 하고, 신경망이 만들어지는 듯한 그물망의 그림을 그리기도 하고, 골반 근육의 발달과 척추 발달이 진행되고 있음을 직관적으로 느낄 수 있는 그림을 보여 주기도 하고, 폐가 분화되어갈 무렵에는 어찌 보면 과학적으로까지 느껴지는 분명한 폐 형태의 그림을 보여 주기도 합니다. 유아기 몸의 완성시기인 7세 경에 나타나는 이갈이를 반영하는 형태의 그림에 이르기까지 아이들이 자신의 몸을 직관하고 있듯이 그려 내는 그림들을 보면 절로 감탄이 나올 정도입니다. 유아기는 아이들이 자신의 정신적, 영혼적 존재를 지니고서 자신의 뼈와 몸통 안으로 완벽하게 침투해 들어가고 있는 단계임을 보여 주고 있는 것입니다.

이 책의 저자 '잉거 브로흐만'은 이러한 아이들 그림의 발달 과정을 오랜 관찰과 연구를 통해 이해하고 그것들을 해석해 내고 있습니다.

상담 심리학의 한 분야인 미술 치료에서는 심리 검사의 도구로써 내담자에게 특정 그림을 그리게 하고 그 그림을 보며 내담자의 심리 상태를 해석하고 이해하려는 노력을 합니다. 그만큼 그림은 그림을 그린 사람의 심리 상태를 반영하고 있다는 것이지요. 이러한 부분은 따로이 미술 치료와 관련된 서적에서 도움을 받을 수 있으리라 여깁니다. 이 책이 거기까지 광범위하게 다루지는 못했으나, 지금껏 그림을 심리적 반영으로만 해석하려던 일반적인 생각에서 벗어나 아이들의 신체 발달과 신체의 병증 그리고 아이만의 독특한 경험 등을 헤아려볼 수 있는 도구로서 그림을 해석할 수 있는 지혜를 배우는 좋은 길잡이가 되어 줄 수 있을 것입니다.

이 책은 1997년 독일 슈트트가르트에서 출판되었습니다. 이 책 안에 담긴 독일 아이들의 그림은 20여 년이 지난 지금 한국의 아이들 그림과 크게 다르지 않습니다. 아이들의 발달은 독일이나 한국이나 다르지 않고, 예나 지금이나 다르지 않기 때문입니다. 다만, 한 가지 분명한 것은 어른의 개입이 있거나 환경적으로 아이들 나이의 발달에 맞지 않는 자극을 준 경우에는 이런 자연스러운 그림이 나오지 않습니다. 어른에게서 미술 지도를 받은 아이의 그림, 그리고 TV나 컴퓨터 등 매체의 자극에 많이 노출되어 있는 아이들의 그림에서는 몸의 발달이 반영되어 나오는 그림을 찾기 쉽지 않습니다. 이런 면에서 아이들 고유의 개별성을 그대로 존중하고 건강하지 않은 자극을 배제하는 것이 얼마나 중요한 것인지 다시 한 번 생각하게 됩니다.

독자의 이해를 돕기 위해 이 책에 게재된 20여 년 전 독일 아이의 그림과 현재 한국의 아이 그림 몇 가지를 비교해 보겠습니다.

독일

한국

생명력의 유입을 보여 주는 그림

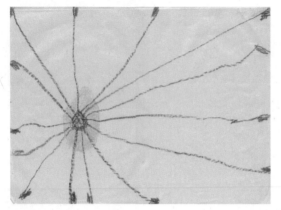

독일

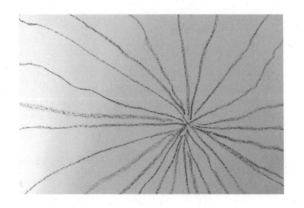

한국

폐가 발달하는 시기의 폐 형태의그림

독일

한국

골반 부위의 근육들이 발달하는 시기의 그림

독일

한국

이갈이 시기의 그림

독일

한국

모든 사물은 아는 만큼 보이듯 이 책을 읽는 이들이 좀 더 많은 지혜와 방법으로 아이들의 그림을 바라보고, 그 그림을 통해 아이들이 말하고자 하는 것을 더 많이 볼 수 있게 되리라 생각합니다.

오늘도 도화지 앞에 앉아 그림을 그리는 아이들을 보고 있자면 그 어린 천사들에게서 뿜어져 나오는 진지함과 열의를 엿보게 됩니다. 다 그린 그림을 자랑스러운 표정으로 내미는 아이의 표정에는 미소가 살짝 떠오르기도 합니다. 아마도 그 미소는 타인의 도움 없이 스스로 무언가를 해내었다는 뿌듯함과 더불어 자기 안에서 솟구쳐 나온 힘으로 그림을 표현했다는 행복감일 것입니다.

아이가 내밀고 간 그림은 지금 이 아이의 발달 단계가 어느 만큼에 이르렀는지 말을 하고 있습니다. 아이들을 평균적인 잣대로 바라보지 않고, 그 아이만의 매우 개별적인 발달 과정을 그림을 통해서 발견해 내는 것은 놀라운 경험이자 기쁨입니다. 간혹 그 놀라운 경험을 아이의 부모님과 공유하면 부모님 또한 미처 알지 못한 그 부분에 대해 함께 놀라워합니다.

이 책을 읽은 교사나 부모님들께서도 겉으로 보이지 않는 아이의 신체 발달(몸 안 장기의 발달과 근육의 발달까지도) 그리고 내면적 발달을 그림을 통해서 발견해 내는 그 놀라운 경험을 분명 하게 되리라 여깁니다. •

덧붙이는 그림들이

아이들 그림을 이해하는데

도움이 되기를 바랍니다.

만 3세 그림

사람처럼 보이는 이 그림은 공중에서 부유하는 형태에서 팔다리처럼 뻗어 나가는 선이 보인다. 이는 자신의 힘으로 땅을 딛고 바로 서야 할 때가 되었음을 나타내며, 이전에 없던 방향성이 생기고 있다.

평소 그림을 그릴 때 아직 몸통의 발달을 보이지 않는 사람을 그렸던 이 아이가 심한 수족구로 병원에 입원해서 그린 그림이다. 열에 들떠 있어 눈이 돌아가는 듯 보이고, 입 안과 손가락, 발가락의 수포로 괴로웠던 아이는 그림 속의 입안과 발가락 하나하나마다 그 통증의 흔적을 그려 놓았다. 때로 아이들은 자신의 신체적 고통을 이렇게 그림으로 표현하기도 한다.

격자 무늬의 이 두 그림은 아이가 자신의 신체로 향하고 있음을 나타내며, 아이의 뼈대 구조가 건강하게 잘 발달하고 있음을 뜻한다. 이제는 아이가 자신의 신체 안에 갇혀 있는 느낌을 갖게 되었음을 뜻하기도 한다.

가운데 척추 모양이 분명한 이 그림들 또한 아이의 뼈대 구조가 건강하게 발달해가고 있음을 보여 준다. 아이는 이제 땅 위에서 척추를 바로 세우고 곧추설 수가 있다.

아이는 지상에 보다 가까워져 두 다리로 굳건하게 서 있을 수 있다. 오른쪽 상단의 빨간 선은 정신세계와의 연결이 서서히 차단되어 가고 있음을 보여 준다. 육화와 더불어 정신세계와의 연결이 희미해져 가는 것이다.

당시 아이의 엄마가 임신 중이었는데, 아이는 엄마의 자궁 안에 있는 아기의 모습을 이런 식으로 표현했다. 엄마의 몸과 자궁 안의 아기가 탯줄 같은 선으로 연결되어 있는 것이 보인다. 완전한 육화가 이루어지지 않은 나이이기에 아직은 눈에 보이지 않는 것을 볼 수 있음을 알 수 있다.

만 6세 그림

색의 대조와 보색 대비를 시도하기 시작하는 시기의 그림으로 색채나 공간적 측면에서 매우 안정감을 보여 준다. 아이에게 형성 중인 근육 조직을 연상하게 만드는 그림들로, 이러한 그림은 아이가 학교 갈 준비가 되어가고 있음을 보여 준다.

학교 갈 나이가 가까워지면 아이들은 나무, 집, 사람 그림을 일상으로 그린다. 집보다 크게 곧게 서 있는 나무는 아이의 자아상의 또 다른 표현이고, 지상에 완전히 발을 딛고 서 있는 소녀는 그림을 그린 아이 자신으로 건강하게 육화되어 있음을 보인다.

근육 형성이 이루어지고 몸의 가장 단단한 물질인 이가 빠지는 이갈이를 할 무렵 아이들은 왕관 모양인 뾰족뾰족한 형내나 불결 무늬의 그림을 그린다. 이제 새 이가 근육을 밀고나와 학교에 가도 될 만큼 성장했음을 보여 주는 그림들이다.

참고 문헌

- 〈아이들 그림 이해하기. 선 그림 단계에서 학령기까지Kinderzeichnungen verstehen. Von der Ktizelphase bis zum Grundschulalter〉_마이케 아이쎈 크레베트Meike Aissen-Crewett, 뮌헨, 1988
- 〈색이 우리에게 말해주는 것Was Farben uns verraten〉_울리히 베어Ulrich Beer, 슈투트가르트, 1992
- 〈아이들 그림의 해석Die Deutung von Kinderzeichnungen〉_요제프 H. 디레오Joseph H. DiLeo, 칼스루에, 1992
- 〈당신 아이의 그림Dine Børns Billeder〉_잉거릴세 엘베르담Ingelise Elverdam, 1991
- 〈아이들은 신호를 보낸다. 아이들 그림 보기와 이해하기 Kinder setzen Zeichen. Kinderbilder sehen und verstehen〉_로제 플렉 방게르트Rose Fleck-Bangert, 뮌헨 1994
- 〈그림으로 보는 지적 능력Measurement of Intelligence by Drawings〉_플로렌스 굿이너프Florence Goodenough, 1925
- 〈아이들은 선을 긋고, 그리고, 칠한다. 아이들 그림의 초기형태들Kinder kritzeln, zeichnen malen, Die Frühformen kindlichen Gestaltens〉_볼프강 그뢰칭어Wolfgang Grözinger, 뮌헨,1952
- 〈아이들 그림Die Zeichnungen der Kinder(Børns Billeder)〉_합스코프 엔젠Bodil Havskov Jensen, 1986
- 〈아동, 청소년기 잠과 깨어남의 변화 : 에른스트 미하엘 크라니히 편 잠과 깨어남의 리듬. 아동, 청소년기 잠과 깨어남의 리듬의 의미Siehe dazu auch Ernst-Michael Kranich, Die Veränderungen von Wachen und Schlafen im Kinder- und Jugendalter, in: Ernst-Michael Kranich (Hrsg.), Der Rhythmus von Wachen und Schlafen. Seine Bedeutung im Kindes-und Jugendalter〉_슈투트가르트, 에른스트 미하엘 크라니히,1992
- 〈아이들의 그림 세계Børns Billedverden〉_앤 마리 홀Anne Marie Holm, 토버 타우 Tove Tau, 1984
- 〈모든 아이가 그릴 수 있다Alle børn kan tegne〉_루스 페에르센 Ruth Højbjerg-Pedersen ,1974

- 〈아픈 아이들이 말하고자 하는 것Was kranke Kinder sagen wollen〉_카스파르 키펜호이어Kaspar Kiepenheuer, 슈투트가르트, 1990
- 〈칠하기와 그리기Malen und Zeichnen〉_막스 클래거Max Kläger, 뮌헨, 1992
- 〈아이들 그림이 이야기해주는 것. 아이들의 그림언어를 이해하는 법Was Kinderzeichnungen erzählen. Kinder in ihrer Bildersprache verstehen lernen〉_아르민 크렌츠Armin Krenz, 프라이부르크, 1996
- 〈창의력과 정신의 발달Creative and mental growth〉_빅터 로웬펠드Viktor Lowenfeld, W. 램버트 브리튼W. Lambert Brittain 뉴욕 1975
- 〈아이들 그림. 형상표현의 의미와 발달, 소실Wenn Kinder zeichnen. Bedeutung, Entwicklung und Verlust des bildnerischen Ausdrucks〉_에리카 마일리 슈네벨리Erika Meili-Schneebeli, 취리히, 1993
- 〈아이들 그림L'Arte dei Bambini〉_코레도 리치Corredo Ricci, 볼로냐, 1887
- 〈아이들 그림 심리학Die Psychologie der Kinderzeichnung〉_마르틴 슈스터Martin Schuster, 베를린/하이델베르크,1990
- 〈아이들과 그리고 칠하기. 선 그림 단계에서 8세까지Zeichnen und Malen mit Kindern. Vom Kritzelalter bis zum 8. Lebensjahr〉_루돌프 자이츠Rudolf Seitz뮌헨, 1980
- 〈정신과학에서 바라본 아이 교육Die Erziehung des Kindes von Gesichtspunkte der Geisteswissenschaft, Einzelausgabe〉_루돌프 슈타이너Rudolf Steiner, 단행본, 도르나흐 1982
- 〈유아의 그림 언어에 대하여. 인간화의 자취들Von der Zeichensprache des kleinen Kindes. Spuren der Menschwerdung〉_미하엘라 슈트라우스Michaela Strauss, 슈투트가르트 1994
- 〈집은 이야기를 들려준다. 아이들 그림에서 집의 의미Häuser erzählen Geschichten. Die Bedeutung des Hauses in der Kinderzeichnung〉_에리카 우르너Erika Urner, 취리히, 1993
- 〈아이들 그림이 말해주는 것. 정신분석적 해석의 방법과 사례들Was eine Kinderzeichnung verrät. Methode und Beispiele psychoanalytischer Deutung〉_다니엘 빌뢰허Daniel Widlöcher, 뮌헨, 1974

푸른씨앗_책

동화의 지혜

루돌프 마이어 지음 **심희섭** 옮김

그림 형제 동화부터 다른 민족의 민담까지 심오한 인간 본성과 법칙으로 동화 속 인물이 성숙해 가는 과정과, 상상적 인식을 가진 아이가 지성이 만든 고정된 개념, 저급한 감각 세계를 넘어서는 것을 발견할 수 있다. 어린 시절에 동화를 들려주는 것의 중요성을 깨닫고, 가슴 깊은 곳에 순수한 아이 영혼이 되살아남을 느낄 수 있을 것이다.

양장 412쪽 30,000원

12감각

알베르트 수스만 강의 **서유경** 옮김

인간의 감각을 신체, 영혼, 정신 감각으로 나누고 12감각으로 분류한 루돌프 슈타이너의 감각론을 네델란드 의사인 알베르트 수스만이 쉽게 설명한 6일간의 강의. 감각을 건강하게 발달시키지 못한 오늘날 아이들과 다른 형태의 고통과 알 수 없는 어려움에 시달리고 있는 어른을 위해, 신비로운 12개 감각기관의 의미를 자세히 설명한 이 책에서 해답을 찾고자 하는 독자들이 더욱 많아지고 있다.

양장 392쪽 28,000원

『영혼을 깨우는 12감각』 개정판

생명역동농법이란 무엇인가?

니콜라이 푹스 지음 **장은심** 옮김

유기농, 무농약 이상의 가치로 땅의 쇠퇴에 맞서는 생명역동농법은 시들어 가는 땅에 생명력과 재생의 힘을 회복시키는 농법으로, 1924년 루돌프 슈타이너가 주창한 이래로 전 세계 50여 개 나라의 농민이 가입한 국제데메테르Demeter라는 협회를 통해 확산되고 있다. 작물의 영양소를 되살리는 미래 농법 '생명역동농법'의 핵심 내용과 궁금증, 적용 사례 등을 쉽게 설명

72쪽 9,000원

인생의 씨실과 날실

베티 스텔리 지음　**하주현** 옮김

양장 336쪽 25,000원

너의 참모습이 아닌 다른 존재가 되려고 애쓰지 마라. 한 인간의 개성을 구성하는 요소인 4가지 기질, 영혼 특성, 영혼 원형을 이해하고 인생 주기에서 나만의 문양으로 직조하는 방법을 모색해 본다. 미국 발도르프 교육기관에서 30년 넘게 아이들을 만나온 저자의 베스트셀러

책속에서_ 타고난 재능과 과제, 삶을 대하는 태도, 세상을 바라보는 눈은 우리도 깨닫지 못하는 사이에 인생에서 씨실과 날실이 되어 독특한 문양을 만들어낸다.

우주의 언어, 기하_기본 작도 연습

존 알렌 지음　**푸른씨앗번역팀** 옮김

104쪽 18,000원

시간이 흘러도 변치 않은 아름다운 공예, 디자인, 건축물을 들여다보면 그 속에 기하가 숨어 있다. 계절마다 변하는 자연 속에는 대칭이, 세계적으로 유명한 프랑스 샤르트르 노트르담 대성당의 미로 한 가운데 있는 정십삼각별 등. 컴퓨터가 아닌 손으로 하는 2차원 기하 작도 연습으로 형태 개념의 근원을 경험하고 느낀다.

배우, 말하기, 자유

피터 브리몬트 지음　**이은서, 하주현** 옮김

282쪽 15,000원

연극을 위해서 인물 분석에 몰두하기 보다는 인물의 '말하기' 속에 있는 고유한 역동을 느끼고 훈련하는 것이 중요하다고 강조하고, '루돌프 슈타이너가 제안하는 6가지 기본 자세' 등 움직임에 대한 이론과, 적용을 위한 연습 30가지 소개. 저자가 소개하는 연습 방법에 따라 셰익스피어 작품 주요 장면을 읽다 보면 알지 못했던 작품의 매력이 성큼 다가올 것이다.

424쪽 20,000원

마음에 힘을 주는 치유동화

수잔 페로우 지음 **하주현** 옮김

'문제' 행동을 '바람직한' 행동으로 변형시키는 이야기의 힘. 골치 아픈 행동을 하는 아이들에서부터 이사, 이혼, 죽음까지 특정한 상황에 놓여 있는 아이들에게 논리적인 설득이나 무서운 훈육보다 이야기의 힘이 더 강력하다. 가정생활과 교육 현장에서 효과를 거둔 주옥같은 85편의 동화와 이야기의 만들기와 들려주기 연습을 소개한다.

발도르프 교과 시리즈

양장 270쪽 30,000원

발도르프학교의 미술 수업 1~12학년

마그리트 위네만, 프리츠 바이트만 지음 **하주현** 옮김

발도르프교육의 중심이 되는 예술 수업은 아이들이 조화롭게 성장하고 타고난 잠재력을 꽃피우게 한다. 꾸준히 예술 활동에 직접 참여한 아이들은 성인이 되었을 때 더욱 창의적으로 복잡하고 어려운 길을 잘 헤쳐 나간다. 이 책은 슈타이너의 교육 예술 분야를 평생에 걸쳐 연구한 율리우스 헤빙과 그의 제자 위네만 박사, 프리츠바이트만이 소개하는 발도르프 교육의 미술 영역에 관한 자료이다. 저학년과 중학년(1~8학년)을 위한 회화와 조소, 상급학년(9~12학년)을 위한 흑백 드로잉과 회화에 대한 설명과 그림, 괴테의 색채론을 한 단계 더 발전시킨 루돌프 슈타이너의 색채 연구를 만나게 된다.

발도르프학교의 수학_수학을 배우는 진정한 이유
론 자만 지음 하주현 옮김

아라비아 숫자보다 로마숫자로 산술 수업을 시작하는
것이 좋다, 사칙 연산을 통해 도덕을 가르친다, 사춘기 시작과
일차 방정식은 무슨 상관이 있을까? 세상의 원리를 알고 싶어
눈을 반짝거리는 아이들이 11세~14세, 17세 나이가 되면 왜
수학에 흥미를 잃는가. 40년 동안 발도르프학교에서 수학을
가르쳐온 저자가 수학의 재미를 찾아 주는 통찰력 있고 유쾌한
수학 지침서. 초보 교사들도 자신감 있게 수업할 수 있도록
아동기부터 사춘기까지 발달에 맞는 수학 수업을 제시하고
일상을 바탕으로 만든 수학 문제와 풍부한 예시를 실었다.

400쪽 25,000원

청소년을 위한 발도르프학교의 문학 수업
_자아를 향한 여정
데이비드 슬론 지음 하주현 옮김

첨단 기술로 인해 많은 것이 완전히 달라졌다고 생각하지만
청소년들의 내면은 30년 전이나 지금이나 본질적으로 별로
달라지지 않았다. 청소년기에 내면에서 죽어 가는 것은
무엇인가? 태어나고 있는 것은 무엇인가?

9학년부터 12학년까지 극적인 의식 변화의 특징을
소개하며, 사춘기의 고뇌와 소외감에서 벗어나 자아 탐색의
여정에 들어설 수 있도록 힘을 주는 문학 작품을 소개한다.

288쪽 20,000원

발도르프학교의 연극 수업
데이비드 슬론 지음 이은서, 하주현 옮김

『무대 위의 상상력』 개정판. 연극은 청소년들에게 잠들어
있던 상상력을 살아 움직이게 하고, 만드는 과정에서 다른
사람과 함께 마음을 모으는 일을 배우는 예술 작업이다.
책에는 연극 수업뿐 아니라 어떤 배움을 시작하든 학생들이
수업에 몰입할 수 있도록 만들어 주는 좋은 교육 활동 73가지의
연습이 담겨 있다. 개정판에서는 역자 이은서가 쓴 연극 제작기,
『맹진사댁 경사』 대본 일부, '한국 발도르프학교에서 무대에
올린 작품 목록'을 부록으로 담았다.

306쪽 18,000원

푸른씨앗책

형태그리기 1~4학년
에른스트 슈베르트, 로라 엠브리스타인 지음 하주현 옮김

'형태그리기'는 발도르프 교육만의 특징적인 과목으로 새로운 방식으로 생각하는 힘을 키우기 위해 제안되었다. 수업의 주된 목적은 지성을 건강하게, 인간적인 방식으로 육성하고 발달시키도록 하는 것이다. 배움을 시작하는 1학년부터 4학년까지 학년별 형태그리기 수업에 지침서가 되는 책

56쪽 10,000원

발도르프학교의 형태그리기 수업 특별판
한스 니더호이저, 마가렛 프로리히 지음 푸른씨앗 옮김

1부는 발도르프학교 교사였던 저자의 수업 경험, 형태그리기와 기하학의 관계, 생명력과 감각, 도덕성과 사고 능력을 강하게 자극하는 형태그리기 수업의 효과에 대해 설명한다. 2부는 형태그리기 수업에서 주의할 점과 슈타이너가 제안한 형태의 원리와 의미를 수업에 녹여내는 방법과 사례를 실었다. 특별판에는 실 제본으로 제작한 연습 공책을 세트로 구성

100쪽 15,000원

맨손 기하_형태그리기에서 기하 작도로
에른스트 슈베르트 지음 푸른씨앗 옮김

최초의 발도르프학교 학생이자 수십 년 교사 경험을 토대로 저자는 미국 발도르프학교 담임교사들을 위한 8권의 책(기하 4권, 수학 4권)을 집필하였으며, 현대 수학 교육에서 소홀히 다루고 있는 기하 수업의 중요성을 일깨우기 위해 애쓰고 있다. 3차원 공간을 파악하기 시작하는 4~5학년에서 원, 삼각형, 사각형 등 형태의 특징을 알고 비교하며, 서로 어떤 관계가 존재하는지 찾는 방식을 배운다.

104쪽 15,000원

236쪽 12,000원

투쟁과 승리의 별 코페르니쿠스

하인츠 슈폰젤 지음 **정홍섭** 옮김

교회의 오래된 우주관과 경직된 천문학에 맞서 혁명을 실현한 인물, 코페르니쿠스의 전기 소설. 천문학의 배움과 연구의 과정을 중심으로, 어린 시절부터 필생의 역작 〈천체의 회전에 관하여〉를 쓰기 까지 70년에 걸친 삶의 역정을 사실적으로 묘사하고 있다. 15세기의 유럽 모습이 담긴 지도와 삽화, 발도르프학교 7학년 아이들의 천문학 수업 공책 그림이 아름답게 수놓인 책

파르치팔과 성배찾기

찰스 코박스 지음 **정홍섭** 옮김

232쪽 14,000원

18살 시절에 나는 무엇을 하고 있었나? 내가 누구인지, 어떤 사람인지, 이 세상에서 해야 할 일이 무엇인지 알고자 나는 무엇을 하고 있었던가? 1960년대 중반 에든버러의 발도르프 학교에서 자아가 완성되어 가는 길목의 학생들에게 한 교사가 〈파르치팔〉 이야기를 상급 아이들을 위한 문학 수업으로 재현한 이야기

8년간의 교실여행_발도르프학교 이야기

토린 M. 핀서 지음 **청계자유발도르프학교** 옮김

264쪽 14,000원

한국의 첫 발도르프학교를 꿈꾸며 함께 공부하며 만든 책. 8년 동안 같은 아이들의 담임을 맡아 지내 온 한 교사의 교실 여정

머리말에서_이 책이 오늘날의 또 그들과 함께 길을 가는 행운을 누리고 있는 교사들에게 발도르프 교육이 지닌 뛰어난 치유력을 보여 주었으면 한다.

꿀벌과 인간

루돌프 슈타이너 강의 **최혜경** 옮김

발도르프교육 100주년 기념 출간. 괴테아눔 건축 노동자를 위한 강의 중 '꿀벌' 주제에 관한 강의 9편 모음. 양봉가의 질문으로 시작되는 이 강의록에서 노동자들의 거침없는 질문에 답하는 루돌프 슈타이너를 만난다. 꿀벌과 같은 곤충과 인간과 세계의 연관성을 설명하고, 이 연관성을 간과하고 양봉과 농업이 수익성만 중시한다면 미래에 어떤 일이 일어날 수 있는지 경고한다.

233쪽 20,000원

인간 자아 인식으로 가는 하나의 길

루돌프 슈타이너 지음 **최혜경** 옮김

인간 본질에 관한 정신과학적 인식, 8단계 명상

『고차세계의 인식으로 가는 길』의 보충이며 확장이다. 책속에서_이 책을 읽는 자체가 내적으로 진정한 영혼 노동을 하도록 만든다. 그리고 이 영혼 노동은 정신세계를 진실하게 관조하도록 만드는 영혼 유랑을 떠나지 않고는 견딜 수 없는 상태로 차츰차츰 바뀐다.

127쪽 14,000원

발도르프학교의 아이관찰_6가지 체질 유형

미하엘라 글렉클러 강의 **하주현** 옮김

괴테아눔 의학분과 수석을 맡고 있는 미하엘라 그렉클러 박사가 전세계 발도르프학교 교사, 의사, 치료사들을 대상으로 한 콜리코 컨퍼런스에서 한 강의. 자아가 세상과 어떤 관계를 맺고 있는지, 그 특성과 타고난 힘이 무엇인지에 따라 학령기 아이들이 갖는 6가지 체질 유형을 소개한다. 머리가 큰 아이와 작은 아이, 지상적 아이와 우주적 아이, 환상이 많은 아이와 환상이 적은 아이를 관찰하는 방법과 교육, 의학적 측면에서 치유 방법을 제시한다.

문고 120쪽 8,000원

초록뱀과 아름다운 백합

요한 볼프강 폰 괴테 지음 **최혜경** 옮김

루돌프 슈타이너에게 깊은 영향을 준 괴테의 동화. 인간 정신과 영혼의 힘을 그림처럼 풍성하게 보여 준다.

옮긴이글에서_이 동화를 처음으로 읽으면 실제로 좀 산만하다는 느낌이 들기도 하고, 쉽게 맥락을 놓칠 수도 있다. 커다란 강을 사이에 둔 두 세계 여기저기 사는 사람들과 환상 존재들이 하나의 목적지를 향해 가는 과정이 굉장히 압축된 시간 안에 거의 시詩에 가까운 문학적 표현을 통해 전개되기 때문이다. 이 어려움은 괴테가 '형상앎'을 보여 주려 했다는 루돌프 슈타이너의 말을 진지하게 받아들이면 어느 정도 해소된다.

문고 104쪽 6,000원

천사는 우리의 아스트랄체 속에서 무엇을 하는가?
어떻게 그리스도를 발견하는가?
죽음, 이는 곧 삶의 변화이니!

루돌프 슈타이너 강의 **최혜경** 옮김

세계 대전이 막바지에 접어든 1917년 11월부터 1918년 10월까지 루돌프 슈타이너가 독일과 스위스에서 펼친 오늘날 현실과 직결되는 주옥같은 강의. 근대에 들어 인류는 정신세계에 대한 구체적인 관계를 완전히 잃어버렸지만, 어떻게 정신세계가 여전히 인간 사회에 영향을 미치는지를 보여 준다.

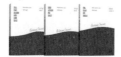

문고 3권 세트 18,000원

잉거 브로흐만 *Inger Brochmann*

덴마크의 저널리스트이자 발도르프 교육자이다. 15년간 덴마크의 발도르프 유치원에서 일했으며, 코펜하겐의 발도르프 교육 세미나를 설립하고 이끌었다. 발도르프 교육에 관한 수많은 강연을 했고, 교육, 사회, 정치, 철학을 비롯한 다양한 분야의 책 발행인으로 활동하기도 했다. 정년퇴직 후 2009년 8월 15일 세상을 떠날 때까지 저술 활동에 전념했다.

심희섭

서울대에서 독어독문학과 박사과정을 수료. 역서로는 『동화의 지혜』, 『어떻게 이해할까? 아르누보』, 『예술 발견-창의적 삶을 위한 미술 프로젝트』, 『유럽의 축제』, 『사랑의 심리학』, 『체 게바라』 등이 있다.

책크기_118x175 / 248쪽

본문 글꼴_아리따 10pt

www.greenseed.kr

 재생 종이로 만든 책

푸른 씨앗의 책은 재생 종이에 콩기름 잉크로 인쇄합니다.
겉지_ 한솔제지 앙코르 190g/m²
속지_ 전주페이퍼 Green-Light 80g/m²
인쇄_ 도담프린팅 | 031-945-8894